達人シングルが語る
ゴルフ上達の奥義

山口信吾

nbb
日経ビジネス人文庫

進歩は熱中の中にしか宿らない。

ピーター・フリーマン

『騎士たちの一番ホール』（夏坂 健 著）より

はじめに

この本には、これまでにぼくが出会った、ベストハンディ＋1～8、年齢48～98歳の、練達のシングルゴルファーが登場します。飽くなき探求心でゴルフ道を極めようとしている18人の達人たちです。ちょうど18ホールをラウンドするように、18人のゴルフ人生を辿ってください。ご自身のゴルフ人生と重ね合わせながら読み進めてください。

18人のうち14人はサラリーマンです。組織にしばられ、時間的にも経済的にも制約が多いサラリーマンが、どうやって達人の域に達したのでしょうか。それぞれに余人には計り知れない工夫と努力があったのです。

この本を読めば、ゴルフは生涯スポーツだとわかります。達人たちはゴルフを糧にして健やかに長生きしています。また、特別の才能がなくても、努力と工夫で上達できるとわかります。目標をもって精進を続ければ、ゴルフは命ある限り愉しめるのです。

この本には、11人のクラブチャンピオンが登場します。クラブ選手権を制した真の上級者たちは、寝ても醒めてもゴルフのことを考えて、様々に工夫しています。そんな工夫のなかから発見した上達のツボを、余すことなく語ってくれました。

また、この本には7人のエージシューターが登場します。高い境地を求めてひたすら修行する、求道者と呼んでもよい老練のゴルファーたちです。「何百回もエージシュートを達成した凄い人がいる」と聞けば遠路を会いに行き、ゴルフ人生について語ってもらい、一緒にラウンドしてもらいました。エージシューターに身近に接してみると、何十年にわたってゴルフにかけてきた熱い思いが伝わってきます。そして、誰もが、まるで若者のように心身ともに健やかなのです。感嘆を通り越して感動しました。

達人たちが語る内容だから、初心者や中級者には高度すぎるということはありません。達人たちの教えは、スイングの各論ではなく、ゴルフの取り組み方だからです。この本には、あらゆる腕前のゴルファーに役立つ、とっておきの練習法や上達法がてんこ盛りなのです。

達人たちからは、技術論に留まらず、ゴルフ人生やゴルフ観について含蓄のある話を聞きました。達人たちの年齢は、広い範囲にわたります。それぞれの年代に応じて、語ってくれた上達のツボは当然のことながら異なります。自分の年齢に近い達人の話は身近に聞こえます。まずは、自分の年齢に近い達人の話を読んでいただくのもよいかもしれません。

しかし、年上の達人の話も参考になるはずです。将来、自分がその年齢になった時どうすればよいか、あらかじめ考えておけるからです。急に方向転換するのは難しいのです。体力が落ちてきてから慌てているようでは手遅れです。

達人たちの話は、「心・技・体」のすべてにわたります。達人たちの言葉は、神の啓示のように心に響き、ぼくのゴルフ人生に大きな影響を与えました。「もうこれくらいでよい」と満足していてはいけないと気づかせてくれたのです。「もっと精進しよう、もっと真剣にゴルフに取り組もう」と決心させてくれたのです。読者の皆様にも、達人たちからの勇気と希望のメッセージを受け取っていただければと願っています。

これから腕を上げていくにつれ、また歳をとるにつれ、この本を何度も読み直してほしいと思います。読み直すたびに新しい発見があることでしょう。それでは18人の達人シングルが語る含蓄あるゴルフ人生論に耳を傾けてください。

2008年4月

山口信吾

本文中で、ハンディキャップが一桁のゴルファーをシングルと呼んでいます。また、ハンディキャップをハンディ、ゴルフクラブをGC、カントリークラブをCC、ピッチングウェッジをPW、アプローチウェッジをAW、サンドウェッジをSW、ロブウェッジをLWと略しています。なお、本文の扉には到達年齢を記しています。

目次

はじめに …… 4

1番ホール
3つのポイントで、スイングを自己チェック …… 17
生嶋誠二さん●ベニーCC（大阪府）所属、ハンディ6（ベストハンディ5）
ゴルフが心底好きだった／3つのチェックポイント／自分の型をつくれば強い／もう一段突き抜けたい

2番ホール
小柄な体で260ヤード飛ばす60歳からのパワーゴルフとは？ …… 29
赤木一雄さん●小野グランドCC所属（兵庫県）所属、ハンディ6（ベストハンディ6）
43年間、一貫して多忙な作業所勤務／物言わぬ師匠／上手い人と回れば2つの効能がある／飛ばしの3つの秘密

3番ホール
毎日の素振りは、打撃練習に匹敵する 43
藤山俊行さん●東広野GC（兵庫県）所属、ハンディ7（ベストハンディ5）
経営幹部が片手シングルに／スイングを見る鋭い目／素振りには、打撃練習に匹敵する効能がある／一球入魂の打撃練習／いつも緊張感に溢れたプレーをしていないと上達しない／とっておきのラウンド法

コラム「〝片手シングル〟になるのは超難しい」 60

4番ホール
グリーンをはずしてもパーを取れる技術を身につける 63
高倉勇さん●武蔵野GC（東京都）所属、ハンディ7（ベストハンディ4）
付き合いゴルフでも手を抜かない／シングルの壁を破る5つのアドバイス／ゴルフも野球もコントロールは腰で／野球の経験を生かして急速に腕を上げた／まだまだ上り坂

5番ホール
SWでスイングの〝コア〟をつくるのがシングルへの近道
上村守之さん●新大阪GC（大阪府）所属、ハンディ1（ベストハンディ1）
9番アイアンが〝基本クラブ〟／多忙なサラリーマンがハンディ1に／スイングの〝コア〟をつくる／フルスイングの幅をつくる／ゴルフで得たものはゴルフに返す
79

6番ホール
スコットランドの風は滑らかスイングで
デービッド・フォレストさん●ガランGC所属、ハンディ7（ベストハンディ0）
強風下での正確な球捌きに驚嘆！／素振りのようにスイングせよ／フェアウェイキープがゴルフの基本
95

7番ホール
コースはプレーするだけでなく、貴重な練習の場所と考える
107

上村隆哉さん●ディアーパークCC（奈良県）所属、ハンディ3（ベストハンディ3）
クラブ選手権を連覇／ハンディ3になれるとは夢にも思わなかった／
ホームコースを基地にする／3m以内のパットが好き

コラム「尋常ではない努力」 118

8番ホール
ラウンドの「感想戦」を行う。反省は進歩なり 123

竹内英雄さん●新大阪GC（大阪府）所属、ハンディ1（ベストハンディ1）
年間36ラウンドでハンディ1に／ラウンド後に1打1打を反省／
一球入魂の練習／練習場で18ホールを模擬ラウンド

9番ホール
1週間に1000球打てば片手シングルになれる！ 139

足立和久さん●三田GC（兵庫県）所属、ハンディ5（ベストハンディ4）
憧れからゴルフを始めた／語り草の逆転勝利／
継続は力／まだまだ挑戦を続けたい

10番ホール スイングは格好ではない、変則スイングでも自分を信じること …… 151
白井剛さん●船橋CC（千葉県）所属、ハンディ3（ベストハンディ1）
集中とタイミングが肝心／入会して僅か1年でシングルに／ゴルフの醍醐味は団体戦にある／スイングは格好ではない／あと10年は上達できる

11番ホール 最初の1球がナイスショットとなる一発必中の実戦練習が欠かせない …… 167
近藤貞敏さん●あいがわCC（大阪府）所属、ハンディ＋1（ベストハンディ＋1）
負けず嫌いからゴルフにのめり込んだ／河川敷コースが故郷／焼玉エンジンではダメ／省エネ練習法／少ないラウンドをイメージトレーニングで補った／ゴルフには登山がよい／一発必中の実戦練習が欠かせない／公立中学校にゴルフ部を創設

コラム「75歳で大ジャンプ！」 …… 188

12番ホール
情熱を持って挑戦し続ければ、夢は必ず叶う
葛原寛さん●西宮CC（兵庫県）所属、ハンディ10（ベストハンディ5）
10年間ひたすら練習に明け暮れた／やる気になればなんでもできる／奇跡的なショットは偶然で生まれることはない／社長をしながらシングルに／念ずれば通ず
193

13番ホール
いくら教わっても、自分が「熟《こな》さない」と身につかない
高田等さん●ベニーCC（大阪府）所属、ハンディ8（ベストハンディ3）
ルールの達人／驚異的な上達／〝日替わりメニュー〟では身につかない／流れる川の水のように
205

14番ホール
練習は250球、最初の150球は肩慣らし、あとの100球が本当の練習
松岡洋市さん●ベニーCC（大阪府）所属、ハンディ6（ベストハンディ2）
正月以外は練習場に皆勤／半年でアイアンの刻印が読めなくなった／長寿のゴルフを愉しみたい
219

15番ホール
鉄は使うな、木を使え。
金は使うな、気を使え
村上雄二さん●田辺CC（京都府）所属、ハンディ4（ベストハンディ1）
36年にわたってクラブ選手権で優勝／7本の特製ウッドを操る／
4本のロブウェッジ／10年先を考えて／長寿のゴルフはまず道具から／
このスイングなら90代でもプレーできる／77歳の静かな闘志
231

コラム「エージシュートは金字塔」 249

16番ホール
スイング軌道を常時点検し、
正しいスイングを素振りで体に言い聞かせる
坂井泰さん●三田GC（兵庫県）所属、ハンディ7（ベストハンディ5）
30年にわたってシングル／エージシュート量産中／
根っからの野球少年だった／7年間のインストラクター体験から言えること／
85歳までシングルを維持したい
255

17番ホール
日々、スイングを工夫すれば
80歳になっても上手くなれる
273

佐々木眞さん●宝塚GC（兵庫県）所属、ハンディ31（ベストハンディ8）
米国でシングルになる／80歳でまた上手くなった／
白寿の貴兄は宝なり

18番ホール
エージシュート335回は、夢でもゴルフをしていたから …… 285
二宮亮さん●名古屋GC（愛知県）所属、ベストハンディ4
フェアウェイを歩き続けた不屈の48年／64歳が頂点だった／
結果を気にせずにスイングせよ／疲れる練習をせよ／感動の一日

19番ホール
命ある限りゴルフをとことん愉しもう！ …… 303
山口信吾●ベニーCC（大阪府）所属、ハンディ9（ベストハンディ8）
「これからまだ大いに愉しめるね！」／歩くことの大切さ／
スイングの真髄を知る／実戦練習を始めた

おわりに …… 315

本文イラスト／サイトウトモミ
本文デザイン／ヤマダジムショ
編集協力／本條強

達人シングルが語る
ゴルフ上達の奥義

1 番ホール

生嶋誠二さん

ベニーCC（大阪府）所属、67歳、ハンディ6、2005年理事長杯優勝

いくしま・せいじ
1941年大阪府生まれ、身長173cm、体重70kg、元ユニプラス株式会社勤務、ベストハンディ5、ベストスコア73

3つのポイントで、スイングを自己チェック

ゴルフが心底好きだった

生嶋誠二さんは、ぼくのホームコース、ベニーCCの2代目ハンディキャップ・競技委員長です。ヘッドスピード40m/sぐらいなので、飛距離が出るほうではありませんが、正確なプレーをすることで知られています。公式競技ではいつも上位の成績を残すため、勝負強いとの評価が定まっています。しぶといプレー振りから、〝まむし〟と呼ぶ人もいます。2004年に仕事から引退し、練習量とラウンドを増やすなど、一層精進するようになりました。その甲斐あって、現役時に8だったハンディは、1年後に6になり、さらにこの年、理事長杯で優勝を飾りました。

生嶋さんは3人兄弟の真ん中です。1961年、長兄が大阪市においてプラスチック加工機械を輸出する会社、ユニプラス株式会社を設立します。1963年、生嶋さんは大学を卒業するとともに、長兄を支えて苦楽を共にするようになりました。それから45年、会社は今では従業員120人、売上高65億円の規模に成長し、貿易、テグス製造、プラスチック成形機械を製造販売する中堅企業に育っています。

生嶋さんは、仕事に明け暮れる忙しい日々を過ごしながらも、得意先との付き合いで必要になり、26歳でゴルフを始めました。ある接待ゴルフで120を叩いて恥をかき、一念発起して近くの河川敷コースに毎日のように通うようになりました。日の出と共にスタートして9ホールを回り、少し練習をして、午前9時までに出社します。

3年ぐらいで、この河川敷コースの代表選手として、パブリックアマチュアゴルフ選手権に出場するほどの腕前になりました。それから5~6年して、大阪府にある、きさいちCCに入会し、初めてもらったハンディが18、ハンディは1年で13になりました。

ゴルフを始めて以来、5つ違いの長兄がライバルでした。兄のほうに一日の長があり、「いつか負かしてやろう」という思いが精進の動機になったのです。その兄は30代の終りに、一足先にシングルになります。生嶋さんがシングルになったのは、ゴルフを始めてから16年目、42歳の時です。

この頃、年に一度、取引先を招き、遠征してゴルフ大会をするようになりました。夏に3~4日間連続でラウンドします。社員は毎月1万円のゴルフ預金を積み立てて参加費に充てます。立場や会社での地位も関係がない一人のゴルファーとして参加するのです。

このゴルフ旅行での白眉は宴会です。上位3名が上座に座り、下位3名がお酌をします。上座の3人は、「ビールを持ってこい」とか、「タバコを買ってこい」とか言いながら、下座の3人をこき使います。風呂場では下位が上位の背中を流すのです。負けるのはなんともしゃくです。これは励みになったのだそうです。

接待してもゴマすりでは面白くありません。得意先とは本音で付き合い、真剣に勝負していました。弱い相手にはハンディをたくさん渡せばよいのです。得意先といえども、真剣勝負ができる相手としかゴルフの付き合いはしなかったのです。〝みえみえ〟の接待では、接待される側も面白くありません。

その後、東京へ転勤になり、生嶋さんのゴルフ生活は一変します。ゴルフコースが遠いので、まだ暗いうちに星を見ながら家を出て、日が暮れて星を見ながら帰宅するようになりました。

それでもゴルフが面白くて仕方がなかったのです。上野駅を午前7時20分に出発する常磐線の友部行きの電車に乗り、利根川を渡って茨城県のコースへよく通い、月に4回以上、年間50回はラウンドしていました。しかし、ハンディの向上はありません。練習場が遠くて待ち時間も長かったので、練習がままならなかったからです。ラウンドだけでは上達しないのです。

3つのチェックポイント

生嶋さんは、20年前から、自分のスイングを3つの観点から点検するようにしています。

1つは、「膝を締める」ことです。両膝を少し内側に締め込んでしっかりさせます。下半身がぐらついていては打点がずれてしまいます。

2つは、「肩を水平に振る」ことです。右肩が下がると、ひどい時はダフったり、引っ掛けたり押し出したり、いろんなミスが出ます。

3つは、「ゆっくり振る」ことです。手元をゆっくり振ったほうが、肝心のヘッドが速く走るのです。ハンマー投げのように、手元を止めて先端のヘッドを走らせるイメージで考えています。

これらの3つのチェックポイントに問題がなければ、よいスイングができているのです。チェックポイントは3つが限界です。チェックポイントが多過ぎて、あれもこれもと点検していると、集中するのが難しくなります。

上級者の中には、どこにも力が入っていないように見えるのに飛ばす人がいます。そんな人は、腕っ節ではなく、フォームで飛ばしているように見えます。生嶋さんは、もともと飛ばすほうではないので、飛距離は求めていません。しかし、力を入れずに飛ばす人のスイングを見ると、きっと自分ではまだわかっていない〝飛ばしの秘密〟があるのだろうと思ってしまうわけです。その秘密を探して、打ち放し練習場に行って、いつもより速く振ったり肩を入れたりすると、思わぬよい球が出て飛距離が出ることがあります。「これだ！」と思って次のラウンドで試してみるのですが、ラウンドの結果はガタガタです。

3つのチェックポイントからずれてしまっているからです。これではダメだと、また3つのチェックポイントに戻ります。

3つのチェックポイントでスイングは万全なのに欲が出て、それからはみ出してみては、また3つのチェックポイントに戻るということを、生嶋さんは20年間にわたって繰り返してきました。

行ったり来たりのように見えて、それでもほんの少しずつ上手くなっているのです。

スコアが乱れなくなってきています。過去8年間のスコアの記録を見せてもらいました。フルバックから回ったりフロントから回ったり、好天もあれば風雨が強い日、寒い日も暑い日もあります。年間平均スコアの経過を見ると、生嶋さんが毎年確実に腕を上げていることがわかります。記録を付け出した1999年の年間平均スコアは83・6。これが2006年には81・7に向上しています。7年の間に年間平均スコアは僅か1・9しか上がっていないと思われるかもしれません。しかし、60歳を過ぎてから、毎年着実に上達を続けるのは凄いことです。

さらに感銘を受けるデータがあります。70台で回る回数が増えているのです。1999年頃には、70台で回った割合は全ラウンドの18%だったのが、2005年には28%に増えています。5回に1回だったのが、3回に1回は70台で回れるようになっているのです。いつも安定したゴルフをするという生嶋さんの評判を裏付ける数字です。

生嶋さんは、難しいコースへ行くほど、相対的に成績がよいのです。安定した方向性のよいゴルフは、難コースに強いからです。生嶋さんとは、2年前にスコットランドへ行って、リンクスでプレーをしました。リンクスでボールを曲げていては、深いラフに打ち込んだボール探しに明け暮れてしまいます。また、いつも深いバンカーに入れていては、コースマネジメントどころではありません。リンクスに行けば、誰でも「ゴルフの原点は方向性にある」と理解できます。生嶋さんは、手強いリンクスで初めてプレーして、すべて80台で回ったのです。

生嶋さんには、「ゴルフは方向性だ」という信条があります。飛ばそうとすると必ず方向性が悪くなり曲がるのです。日本のコースには、リンクスのように厳しいラフはありません。その代わり、林やOBゾーンが多いので、曲げると大叩きをしがちです。日本でも曲げるのはご法度なのです。

生嶋さんは、「まだ本当の打ち方がわかっていないのではないか」と思っています。ゴルフを極めたらもっと飛ぶだろうという思いがあるのです。「極める」という意味でゴルフは武道に似ています。なんでも「道」にしてしまう日本人にゴルフは性に合っていると生嶋さんは言います。生嶋さんこそ「ゴルフ求道家」に見えます。

自分の型をつくれば強い

生嶋さんは、一度もレッスンを受けたり、他人から教わったりしたことがありません。そのお蔭で遠回りしているのかもしれないと言います。ぼくが「誰かに教わってみようとは思わなかったのですか」と尋ねると、「人の真似は嫌い」との答です。「試行錯誤しながら自分で苦労して作り上げたスイングのほうが身につく」と続きます。

生嶋さんは、自分で苦労して築き上げた個性的なスイングのゴルファーとして、かつて「鬼のトイチ」と呼ばれた戸田藤一郎、そして青木功を挙げます。どちらも自分の型を作っています。苦労して作り上げた型は、強靭で壊れないのです。誰かの真似をしたり、教え込まれたりしたきれいなスイングは、脆弱で壊れやすいと生嶋さんは言います。生嶋さんは、簡単には壊れない自分の型を作り上げたいのです。

これを聞いて、宮本武蔵が一度も師について修行したことがないことを思い出しました。『五輪書』に「兵法の利にまかせて諸芸諸能の道となせば万事において我に師匠なし」とあります。「構はありて構はなきという利也」とも言い切っています。「構えやクラブをどう振るかにとらわれず、思い通りのショットを打つ気構えを持て」と言っているかのようです。生嶋さんの理想も、実戦で鍛えた強靭なスイングなのです。

もう一段突き抜けたい

63歳の時、生嶋さんはユニプラス株式会社の社長を退くことを決心します。創業者のパートナーとして、40数年にわたって取り組んできた事業から潔く退いて、悠々自適の生活に入ったのです。

引退してから、好きなゴルフにおいて「もう一段突き抜けたい」と強く思うようになりました。突き抜けるためには練習しかありません。そこで、ドライバー、7番アイアン、AWの3本を持って、自宅から2㎞のところにある打ち放し練習場に歩いて行って、毎日100球打つことを始めました。片道3千歩、往復6千歩を歩くのです。そして、7番アイアンで60球、ドライバーで30球、AWで10球を打ちます。毎日通っていても、その日によって調子が違い、球筋も違います。

毎日100球打つ練習を続けるようになっても、上達しているという実感が得られません。ドライバーで得心のいくショットは、30球で1球だけなのです。それでも、必ず道は開けると信じて忍耐強く練習を続けるしかありません。

コースに出ても、真芯を喰った気持ちのよいドライバーショットは、一日にせいぜ

い1球だけです。ゴルフは本当に難しいスポーツです。1円玉の大きさのスイートスポットで、直径42㎜の小さなボールを、1m以上もある長い棒の先端に付けられたへんてこな形状のヘッドで叩くのです。タイミングよくフェースをスクエアに戻し、フェースの中心で小さなボールを打つのは至難の業です。

練習場でよい球が打てるようになっても、コースに出れば1打ごとにライが違い、打つクラブが違い、景色も違います。コースで目の覚めるようなショットをするのは本当に難しいのです。40年間ゴルフを続けて来ても、まだゴルフの真髄がわからないのです。だからこそゴルフは面白いと生嶋さんは言います。

生嶋さんは、ゆっくり愉しみながら上達するのがよいと言います。じっくり上達するほうが、覚えたことが身について忘れないのです。なんでも〝じわじわ〟がよいのです。ゴルフの上達は積み立て貯金のようなものだと生嶋さんは言います。毎日練習するのは、大きな貯金箱に100円玉を貯金するようなものかもしれません。コツコツと小さな貯金を続けると、ある時、大きなお金が貯まっているのです。

達人シングルが語る
ゴルフ上達の奥義

2 番ホール

赤木一雄さん

小野グランドCC所属（兵庫県）所属、62歳、ハンディ6、
1998年キャプテン杯優勝

あかぎ・かずお
1946年島根県生まれ、身長164cm、体重63kg、株式会社竹中工務店勤務、ベストハンディ6、ベストスコア69

小柄な体で260ヤード飛ばす 60歳からのパワーゴルフとは？

43年間、一貫して多忙な作業所勤務

赤木一雄さんは、1965年に株式会社竹中工務店に入社して以来、43年間にわたって、一貫して国内外の建築工事の作業所に勤務し、多忙な毎日を過ごしてきました。赤木さんが作業所長として建設した大型ビルが大阪の中心部に立ち並んでいます。

今年の春、赤木さんとベニーCCで一緒にラウンドして、赤木さんの飛距離にびっくり！　身長164㎝と小柄なのに、ドライバーで250〜260ヤードを飛ばすのです。飛距離は若い頃と遜色がないのだそうです。ヘッドスピードは46〜47㍍/sもあります。60歳を過ぎると飛ばなくなってゴルフへの興味を失う人が多いのです。しかし、赤木さんを見ていると、飛ばしに年齢はあまり関係がないようです。

194ヤードの5番パー3は、深い谷を越えて、OBゾーンで囲まれた半島の先端にあるグリーンを狙う難関ホールです。このホールで、ぼくは5番ウッドを使います。ところが赤木さんは4番アイアンでいとも簡単にグリーンに乗せました。このホールでアイアンを使うのが実力者の証なのです。

赤木さんは、大阪で万国博覧会が開かれた1970年、25歳でゴルフを始めました。

友人からハーフセットを譲ってもらったのがきっかけです。会社の寮に住み、先輩と一緒に近くの打ち放し練習場へ早朝練習に通いました。

この頃、「ダンプ一杯のボールを打ってからコースに出る」という不文律がありました。赤木さんは、その不文律に従って、2年間練習に励んだうえでコースに出ました。スコアは57、58、グロス115。初めてのラウンドとしては立派なスコアです。直後に京都府にある大原GCに行くと、「ハーフ60以内で回るようにお願いします」という看板が立っていたそうです。

物言わぬ師匠

赤木さんは、27歳で海外勤務になり、インドネシアに3年10カ月駐在して、嫌になるほどゴルフをしました。年間70～80回のラウンドを続けるうちに、帰国前には時々ハーフ30台が出るようになりました。

帰国してからは、工期厳守の作業所勤務は多忙で毎日帰宅が遅いので、平日はクラブを握ることさえままならず、ラウンドは週末に1回だけです。自分の体験から、「週末だけの練習とラウンドで、誰でもシングルになれる」と赤木さんは断言します。

赤木さんは、49歳で兵庫県にある小野グランドCCに入会し、初めてもらったハンディは11。入会から3年後のキャプテン杯で優勝して、ハンディは9となりシングル入りしました。それからはめきめきと腕を上げ、6年後、57歳でハンディは6となります。赤木さんがゴルフクラブに入会してから急速に腕を上げたのは、仕事で知り合って親しくなったゴルフの達人たちのお蔭なのです。協力会社のオーナー経営者にはゴルフに打ち込んでいる達人が多いのです。

赤木さんが出会ったのは、飛びきりの達人たちでした。その1人、野見山博さんとは、35歳の頃、ある大学校舎の工事で知り合いました。インドネシアから帰国して数年後のことです。赤木さんより二回り近く年上の野見山さんは、福岡県飯塚市にある特殊セメントメーカーの経営者です。福岡県にある名門、古賀GCのクラブ選手権で21回優勝し、九州アマチュア選手権で2回優勝、日本シニアゴルフ選手権でも3回優勝しています。野見山さんは、九州、そして日本を代表するトップアマチュアとして長く君臨した達人なのです。

野見山さんと知り合って間もなくの頃、「ゴルフ道具を持って、玄界灘の魚を食べに来い」と招待され、古賀GCで一緒にゴルフをすることになりました。プレーする日の前夜、会食の場所に行くと、約束の時間に遅れて野見山さんが現れ、「高須愛子が予選で落ちてしまい、急遽教えてほしいと言われ、一緒にプレーしていて遅くなった」と言うのです。なんと、野見山さんは高須愛子プロの師匠だったのです。その頃は、高須プロの全盛期です。「なんだ、この人は!」とびっくり。

翌日、古賀GCに行って壁に掛かったハンディキャップボードを見ると、野見山さんのハンディは0。スタートして、一緒に回ったハンディ6の野見山さんの子息が、残り220ヤードを3番アイアンで打ち、見事にグリーンをとらえても、「スピンが効いていない、もっと止まる球を打て!」と厳しい叱責が飛びます。どう見ても赤木さんにはナイスショットです。

一方、赤木さんのプレーに対しては、黙って見ているだけで口出ししません。自分にも何か言ってほしい、教えてほしいと思っても、まったく声を掛けてくれないのです。前夜の会食の席での立ち居振舞いからは想像できない、頭のてっぺんから足の先まで、正真正銘の達人でした。

ラウンドを終え、風呂に入って着替えを済ませてロビーで待っていると、野見山さんはなかなか姿を現しません。子息があちこち探して、雨に濡れながら練習場で黙々と5番アイアンを打っている野見山さんを見つけました。ラウンドが終わってから40分が経っていました。赤木さんが、「そろそろ帰ります」と話しかけると、「どうしても納得いかないからもう少し練習する」と言うのです。これこそ「極めている人だ！」と感嘆し、「ゴルフにもっと真剣に取り組まないといけない」と心底感じたのです。

赤木さんは、野見山さんに教えを請うことはしませんでした。腕が違いすぎたのです。しかし、野見山さんが身をもって示してくれたゴルフに取り組む真摯な態度を、そのときから四半世紀が過ぎた今でも、赤木さんは片時も忘れたことがありません。野見山さんから「無言の教え」を受けたのです。

赤木さんは、10数年間にわたって毎年1～2回は野見山さんと一緒にラウンドする機会がありました。野見山さんは、一緒に回るだけで、「ああしろ、こうしろ」とは一切言いません。野見山さんのプレーをそばで観察するだけです。野見山さんは身をもってゴルフを教えてくれたのです。「物言わぬ師匠」でした。

上手い人と回れば2つの効能がある

小野グランドCCへ入会して、少し経ってからのことです。赤木さんが飛躍する機会がありました。赤木さんより6歳年上で、ハンディ+1の宮野憲三さんをはじめとする片手シングルの達人たちが、「赤木をシングルにする研修会」を発足させてくれたのです。

仕事の関係で親しくなった宮野さんは、1991年の第1回日本シニアオープンゴルフ選手権に出場し、プロに混じって堂々29位タイに輝き、ローアマにもなっています。さらに、2000年の日本シニアゴルフ選手権で3位タイになっています。

研修会といっても、達人たちと一緒にラウンドをするだけです。どこへ行ってもフルバックから回ります。達人たちは、「とにかく飛ばせ!」と言うのです。力の限り飛ばすゴルフが身につきました。

宮野さんをはじめとする自分より遥かに上手い人たちと、チョコレートを賭けてラウンドします。僅かなチョコレートでも負けたくはありません。しかし、滅多に勝たせてもらえません。負けず魂に火が付き、この次こそは負かしてやると思って頑張るのです。自然に練習にも熱が入ります。

こうして「赤木をシングルにする研修会」の発足から3年後に、赤木さんはシングルの壁を破りました。この経験から、上手い人と回るのが上達の一番の早道だと赤木さんは言います。

上手い人と一緒にラウンドすると、2つの効能があるのだそうです。1つは、ゴルフに取り組む姿勢です。上手い人に揉まれていると、自分の未熟さが白日の元にさらされます。自然に「もっと精進しなければいけない」という気持ちになるのです。

もう1つは、スイングの核心を理解できることです。達人たちは、アプローチ、バンカーショット、パット、何をとっても本当に上手いのです。なんとなく観察していても「上手いな！」と感心するだけで終ってしまいます。その場で技術を取り入れようとしても無理があります。しかし、赤木さんは、達人たちのスイングを身近に見ていて、スイングの核心は、回転軸がブレないこと、コンパクトなトップからフォローを大きく取って振り切ることの2つだと看破したのです。この2つは、達人たちの驚異的な飛距離の秘密でもあります。

その頃の赤木さんの一番の欠点は、トップでヘッドが自分の左側に見えるぐらい極端なオーバースイングでした。バックを大きくすれば飛ばせると思っていたからです。方向性が悪く、林やOBゾーンに打ち込んでいました。

弾道のブレ幅を狭くしたい一心で、一緒に回る達人のスイングを観察すると、赤木さんと対照的に、トップがコンパクトでフォローが大きいのです。そこで、ビデオカメラを購入して自分のスイングを撮影してみると、左肘が折れ、左膝も前に倒れています。これではいけないと徹底的にフォーム改造に取り組み、2年間かけてオーバースイングを直したのです。

飛ばしの3つの秘密

赤木さんは、ゴルフの面白さは飛ばすことにあると思っています。〝パワーゴルフ〟に憧れているのです。飛ばしてパーオンを狙うゴルフをしていたいのです。拾いまくるゴルフや枯れたゴルフをするのはまだまだ先です。

赤木さんが〝パワーゴルフ〟に憧れるのは、赤木さんの周りの人々の影響です。赤木さんの周りにいる達人たちの誰もが、60歳を過ぎても〝パワーゴルフ〟を続けています。誰も〝年寄りゴルフ〟をしていません。

赤木さんは、先述した宮野憲三さんと付き合い始めて何十年にもなります。今年68歳になる宮野さんの飛距離は、若い頃とほとんど変わっていません。身長と体重は赤木さんとあまり変わらず、6歳も年上なのに、宮野さんの飛距離は赤木さんを大きく上回るのです。68歳でハンディ＋1を維持する宮野さんを身近に見ていると、「枯れるのはまだまだ先だ」という気持ちに自然になるのです。

赤木さんには、3つの飛ばしの秘密があります。

1つは、練習で目一杯振ることです。ドライバーだけでなく、どのクラブでも体を限界まで捻ってスイングするのです。フォロースルーを大きくとり、体を限界まで捻ったフィニッシュをとります。目一杯振れば、速筋を鍛え、瞬発力を出すトレーニングになるのです。また、パワーを全開する練習を普段からしておけば、コースへ出ても無理なくパワーを出すことができるのです。

赤木さんの話を聞いていて、普段の練習で出力を押さえた練習ばかりしていると、コースに出たとき、体が暴れてしまうのではないかと思い至りました。コースに出ると、どうしてもパワーを全開して強く打ってしまうからです。それなら、普段からパワー全開の練習をしたほうがよいという赤木さんの話は理に叶っています。赤木さんは、20年もかけて、いつでもパワーを全開できる体をつくってきたのです。

以前、車の専門家から、「いつも街中ばかりゆっくり走っているとエンジンのパワーが出なくなる」と聞いたことを思い出しました。普段からエンジン回転数を上げる高速走行をしていないと、エンジンが鈍ってしまい、アクセルを踏んでも出力が出なくなるのです。

2つは、コンパクトなトップから、フォローを大きくとってヘッドを加速し続けることです。テークバックよりもフォロースルーに力点をおいてスイングするのです。多くの人がテークバックで力を入れ、打って終わりになっているのです。

3つは、常日頃から、スイングの土台である足腰を鍛え、平衡感覚を養っておくことです。いくらパワーがあっても、ボールを芯でとらえないと飛距離は出ません。パワーを効率よくボールに伝えられないからです。ボールを芯でとらえるためには、下半身がブレないことが必須なのです。

赤木さんは、足腰と平衡感覚には自信があります。若い時からの作業所勤務で鍛えてあるからです。作業所では、建設現場を巡回するのが日課です。建設現場の隅々に目を配ることは、品質管理と安全管理の基本なのです。赤木さんは、現代の棟梁として、また「ものづくり」の担い手としての信念があり、常日頃から、自分の目で隅々まで見て回っていないと気が済まないのです。

赤木さんが手がける大型建築は階数も多く広大です。建設現場には仮設エレベーターが設置されますが、赤木さんはできるだけ階段を使うようにしています。上りでは奇数階を見て回り、下りでは偶数階を見て回るのです。建設現場には段差やデコボコがあり、床には様々なものが置かれています。建設現場を歩くだけで、下半身の筋肉、なかでも体の深いところにあるインナーマッスルを鍛えることができるのです。

また、建設現場では、無意識のうちに地面や床を踏みしめて歩くようになります。これが、両足で地面をしっかりとつかんでスイングすることにつながるのだそうです。長年の仕事での習い性がゴルフに生きるのです。

さらに、足元の悪いところを神経を研ぎ澄ませて毎日歩いていると、平衡感覚を養うことができます。建設現場を毎日歩くことで、赤木さんは、知らないうちにゴルフへの恵みをもらっているのです。

現代人は平坦な舗装路ばかり歩いているので、平衡感覚が劣化しています。起伏の

あるフェアウェイを歩いたり、斜面を上ったりするのは、下半身と平衡感覚を鍛える絶好の機会です。建設現場で歩くことを習い性にしている赤木さんにとって、歩いてラウンドするのは至極当然のことです。乗用カートに乗ることは考えられません。

赤木さんは、現在、片手シングルの壁にぶつかっています。いずれこの壁を破りたいと思っています。しかし、決して焦ってはいません。悠々自適の生活に入って練習量を増やせば、片手シングルの壁は無理なく破れると思っているからです。

赤木さんには、70歳を過ぎてからエージシュートを達成する夢があります。〝まぐれ〟でもよいから一度はエージシュートを達成したいのです。そのためには、エージシュートを達成できる体をつくっておく必要があります。60歳になって体力の衰えを少し感じるようになり、週に2回ほどジムに通ってトレーニングに励むようになりました。70歳を過ぎても、安定して250ヤードを飛ばすことを目標にしています。

仕事で知り合いゴルフを通じて培った仲間との友情はこれからいつまでも続くのです。熱い友情に支えられ、赤木さんのエージシュートの達成は間違いないことでしょう。「大きな仕事とゴルフを両立させることができ、これまで最高の人生だった」と赤木さんは満足そうです。

達人シングルが語る
ゴルフ上達の奥義

3 番ホール

藤山俊行さん

東広野GC（兵庫県）所属、60歳、ハンディ7、
2004年キャプテン杯優勝、2004年理事長杯優勝

ふじやま・としゆき
1948年愛媛県生まれ、身長178cm、体重65kg、伊藤ハム株式会社勤務、ベストハンディ5、ベストスコア70

毎日の素振りは、打撃練習に匹敵する

経営幹部が片手シングルに

藤山俊行さんは、1971年に伊藤ハム株式会社に入社し、その2年後、25歳の時、上司の影響でゴルフを始めました。上司に教えてもらいながら2カ月練習してコースに出ました。36ホールを回って、すべての9ホールが60台。さらに2カ月後に、ハーフ40台が出たのです。さらに3カ月後、3回目のラウンドで100を切りました。その後は、思い出したようにコースに出るだけの状態が続きます。それでも週に1回の練習は続けていました。

34歳の頃から、北神戸ゴルフ場という市営コースに時々行くようになりました。5回ラウンドしてスコアカードを出し、初めてもらったハンディが15。すぐに12になり、2年後にはシングルになったのです。さらに月例競技で3回アンダーが出て優勝し、ハンディは6になりました。この頃、2~3日に1回は練習していました。自宅の近くに練習場があり、夕食を済ませてから練習に通ったのです。

藤山さんが急速に上達したのは、若い頃にボール競技をしていたからです。高校時代にバドミントンの選手として県大会に出場し、社会人になってからは草野球に熱中し、30代半ばまでリーグ戦に参加していました。10代までにボール競技に慣れ親しむと、球技に共通する基本的な感覚が磨かれ、ゴルフの上達が早いのです。若い頃にキャッチボールもしたことがない人は、シングルの腕前になるのは難しいそうです。

藤山さんは、50歳の時、兵庫県にある東広野GCに入会します。全長7155ヤード、コースレート74・3の飛距離と正確性が問われるチャンピオンコースです。1997年に日本女子オープンゴルフ選手権、2005年に三菱ダイヤモンドカップゴルフ、2006年に日本アマチュア選手権が開催されました。

入会してすぐにもらったハンディは11。2カ月後の月例杯で優勝して10になり、さらに1年後、51歳でハンディは9になったのです。東広野GCでは、新しくシングルになった会員は、会報に寄稿する慣わしです。その寄稿文のなかで、藤山さんは「片手シングルになる」と宣言したのです。会報が出てからあまり時間をおかずに、ハンディは8になり、すぐに7になりました。

しばらく足踏みした後、56歳の時、キャプテン杯と理事長杯で優勝し、クラブ選手権でも準決勝にまで進みます。2004年は光り輝く年になったのです。この実績で自信が生まれて、2005年にも競技会での好成績が続き、2006年、

57歳の時、ハンディは一気に5になりました。会報で片手シングルになると宣言してから6年後のことです。

スイングを見る鋭い目

2000年6月、藤山さんと東広野GCで一緒にラウンドする機会がありました。この時、藤山さんは51歳でハンディ7。ぼくは56歳でハンディ11。この日、ぼくはたまたま絶好調で、78で回りました。藤山さんは77でした。スコアは僅か1打差でしたが、「ぼくとは明らかにレベルが違う」とわかりました。藤山さんのアイアンショットには切れがあり、しかも、ボールに伸びがあるのです。また、アイアンで、ティアップしたボールの先のターフを取るのには目を見張りました。また、藤山さんの3番ウッドの飛距離は、ぼくのドライバーの飛距離を上回るのです。

ラウンドが終わって、なにかアドバイスしてほしいと頼むと、ぼくがアイアンで僅かにダフっていると藤山さんは言います。意外な指摘でした。ぼくにしてみれば、この日はほぼ完璧なラウンドでした。それにもかかわらずズバリと鋭い指摘があったのです。忘れられない一言となりました。

藤山さんは、「たとえキャビティアイアンでも、ターフを取る打ち方でなければダフっている」「アイアンでは、ボールを打ってからヘッドが地面に当たるのが正しい」と言うのです。ダウンブローに打てるようになれば飛距離が安定するのだそうです。

どうすればターフを取るアイアンショットが打てるかと尋ねると、練習場で、ボールをマットの一番前に置いて、フロアを打つつもりで練習するのがよいとのことです。

あと2つか3つハンディを縮めるのは簡単と言われたので、どうすればよいかと尋ねると、2つの助言がありました。1つはドライバーの飛距離をあと10ヤード伸ばすことです。もう1つは、先述したアイアンでターフを取る打ち方を覚えることです。

最後に、藤山さんから「リズムがよい、美しいスイングをしている」とほめられ、勇気づけられました。この一言、ぼくもシングルを目指そうと決心したのです。

素振りには、打撃練習に匹敵する効能がある

2006年12月、この本の取材のため、取締役兼常務執行役員として、経営陣の一

角を担う藤山さんに再会しました。東広野GCでの藤山さんとのラウンドから、7年が経過しています。その間に、藤山さんは順調に栄進する一方で、片手シングルになっています。多忙な藤山さんがゴルフをするのは週末に限られ、ラウンドは年間50回に満たないのです。そんな藤山さんが、どうやって片手シングルになるまで上達したのでしょうか。

藤山さんは、夜遅く帰宅しても、必ず庭で素振りをします。素振りには、打撃練習に勝るとも劣らない練習効果があるからです。毎日の素振りで少ない打撃練習を補えば、間違いなく上達できるのです。藤山さんが素振りの重要性に着目したのは、野球の経験からです。野球の打撃練習の基本は素振りです。素振りでスイングの土台をつくるのです。

5番アイアンで20～30回ほど振るだけで十分なのです。ただ、一振りごとにスイングを確認しながら、真剣にクラブを振ります。藤山さんが素振りで気をつけているのは、できるだけゆっくりテークバックして、打ち急がないようにゆっくり切り返し、しっかり振り切ることです。スローモーションの素振りがよいのです。素振りは、少しでもよいので毎日続けることが大切です。ゴルフの感覚は繊細なので、常時磨いて

おかないと狂いやすいのです。

藤山さんが、これほどまでに素振りを重視しているのには、深い訳があります。藤山さんは、コースでも素振りと同じテンポで、ゆっくりスイングすることを心がけています。しかし、これは大変難しいことなのです。実際にボールを見ると、どうしても強く叩きたくなるからです。強く叩けばミスが出ます。素振りと同じテンポを保って18ホールを回ることができればよいスコアが出ます。素振りは、ボールを意識しないでスイングするための練習であり、ボールを見ると叩きたくなる本能を抑える効果的な練習なのです。

自宅でもできるもう1つの練習は、地面に線を引いておいて、その線を消すようにアイアンで地面を打つ練習です。引いた線の端部にきっちり刃を入れる練習をします。SWのフェースを開いて打てばバンカーショットの練習ができます。

一球入魂の打撃練習

藤山さんが打ち放し練習場に行くのは週に1回です。しかも、長い間、腰痛と付き合ってきたので、打つのは多くても150球です。一球入魂の打撃練習をせざるを得ません。

まず、SWで30~50球を打ちます。そして、PWと偶数番手のアイアン（8番、6番、4番）、5番ウッドを練習します。ドライバーでは5球ほどしか打ちません。

最後に、30球ぐらいを残しておいて、ホームコースの各ホールを想定しながら、模擬ラウンドをします。模擬ラウンドは、本当はスタート前にするのが効果的なのだそうです。そうは言っても時間がないので、藤山さんは、出だしの1ホールの模擬ラウンドをしてスタートするようにしています。

藤山さんは、打ち放し練習場でも、ゆっくり振る練習をしています。打ち放し練習場でも、ボールを見ると強く打ちたくなる気持ちを抑える練習が必須なのです。藤山さんは、若い頃から、ゆっくり振ることを心がけてきました。若い時のほうがゆっくり振れたそうです。歳を取ると気が短くなるからでしょうか、現在のほうが「がつん！」といきやすいのです。「ハエが止まるぐらいゆっくり」切り返すのがよいそうです。

ゆっくり振るスイングを会得する、とっておきの練習法があります。ドライバーで

150ヤードを打つのです。これは大神戸GCでアマチュアとして活躍していた頃の古市忠夫プロから教わった練習法です。初めてこの練習をすると、なかなか真っ直ぐ打てないのです。飛ばさないように打とうとすると、体が緩んでしまうからです。フルショットと同じように、下半身をしっかり使ってゆっくり振るのは、結構難しいのです。150ヤードを真っ直ぐ打てるようになると、フルショットの精度が上るのだそうです。

目をつぶってボールを打つ練習もしています。素振りのようにボールを打つ究極の練習法です。

多くの人が、自分の飛距離を過大に考えていると藤山さんは言います。誰もがそのことを本能で知っているので、届かせようとして強く打ってしまい、ミスをしがちなのです。ゆったりと振るスイングが身につくと、「素振りのようにゆっくり振ってボールが落ちたところが自分の飛距離だ」と考えることができます。すると、大振りしなくなるのです。

今でこそ、滅多にOBをしなくなった藤山さんですが、ハンディ10の頃はよくOBを打っていました。OBをすることがなくなったのは、ここ4~5年ぐらいだそうです。飛ばそうとしなくなったからです。

不本意なプレーをしたラウンドでは、ラウンド後にコース内の打ち放し練習場に行って、その日のプレーを振り返り、納得が行くまで練習します。次のラウンドに不安を引きずらないためです。コースに打ち放し練習場がない場合は、帰宅途上にある打ち放し練習場へ立ち寄ることもあります。

藤山さんは、シングルを、ハンディ1～3、4～6、そして7～9の3段階に分けて考えています。それぞれの間には、大きな壁があると言います。例えば、ハンディ4～6のゴルファーがハンディ1～3のゴルファーと試合をすれば、10回に1回しか勝てないだろうと言います。ハンディ5の藤山さんと、ハンディ1～3のゴルファーとは、アイアンでもウッドでも、飛距離の精度が違うのです。飛距離の違いは、どれだけボールを芯でとらえているかによります。芯をはずすと飛距離が落ちるのです。ハンディ1～3のゴルファーは、常に芯で打っているので飛距離のバラツキが少ないのです。

藤山さんは、練習でもラウンドでも、1球ごとにフェースを見て、芯でとらえたかどうかを確認しています。芯で打てたかどうかは手ごたえでもわかります。練習でもコースでも、疲れてくると、ボールとの距離がずれてきます。どちらにずれているのかを確認して、ボールとの距離を修正するのです。

藤山さんは、ウェッジであれば芯でボールをとらえる自信があります。しかし、ドライバーショットのあとで自分のクラブのフェースを観察すると、打点が芯から３㎝ずれているのです。プロのドライバーショットの打点は、直径１㎝の円の中に収まっていると聞いたことがあるそうです。

さらに、藤山さんは、〝対角線〟を打つ実戦練習が欠かせないと言います。コースへ行くと、フェアウェイの端から、グリーンの反対側に切られたカップへ向かって、斜めに狙う場面が多いのです。また、ティグラウンドがフェアウェイを向いていない意地悪なホールでは、ティグラウンドが向いている方向に逆らって、斜めに打ち出す必要があります。

〝対角線〟の練習をするために、藤山さんは、あえて練習場の左端の打席に陣取って右側の目標に向かって打ち出したり、逆に、右端の打席から左側の目標に向かって打ち出したりするのだそうです。打ち放し練習場の真ん中に陣取って、真っ直ぐ打ち出す練習で磨いたスイングは、コースに出ると通用しないと藤山さんは言うのです。

藤山さんは、運動はすべて足腰が基本だと言います。足腰に粘りがないと体が流れるのです。藤山さんは長身で細身です。細身ゆえの弱点があり、ダウンスイングで打ちに行きやすいのです。右肩が突っ込んで、低い引っかけボール、いわゆるチーピンが出ます。クラブ選手権などで2ラウンドを歩いてプレーして疲れてくると、足腰がへばって、右肩が突っ込んでしまいがちなのです。ラウンドの終盤では、意識して右肩が突っ込まないように注意しています。

「しっかりした下半身の筋肉で上体を支える必要がある」「歳をとると筋トレが必要だ」と悟って、50代の中頃から、三大競技の前になると、毎週のように近くの山に登るようになりました。東広野GCの三大競技はすべて歩いてプレーします。クラブ選手権では1日のうちに36ホールを歩いて回るのです。足腰がしっかりしていないと体が揺れ始めます。ゴルフの原点は歩くことだと実感する瞬間です。

いつも緊張感に溢れたプレーをしていないと上達しない

「このところ仕事上や仲間内の付き合いゴルフばかりしているので腕が落ちた」と藤

山さんは言います。仕事上の付き合いゴルフでは、あまりいいスコアを出してはいけないという気持ちが働きます。仲間内では言い訳が通用します。藤山さんは、「いつも緊張感にあふれたプレーをしていないと上達しない」と言うのです。

東広野GCにはプレッシャーがかかる厳しいホールがあります。183ヤードの3番ホールがその代表です。浮島の小さなグリーンを外したボールはすべて池の藻屑、意を決してグリーンを直接狙うしかありません。こんな緊張感に耐えていれば精神的に強くなります。ゴルファーはコースによって鍛えられるのです。

藤山さんは、東広野GCのクラブ選手権に毎年出場するようになって4回目頃から、「ゴルフは飛距離を競うスポーツではない」「ゴルフはミスを少なくするゲームだ」と悟りました。東広野GCで、7155ヤードもあるフルバックから回ると、どうしても飛ばしたくなります。飛ばそうとすると、ボールが曲がってラフにつかまります。東広野GCの深いラフにつかまると、厳しい試練が待っています。ラフのボールは、まるで鳥の巣の卵のように見えるのだそうです。こんな状態のボールを大きなクラブで打てば、どんな球が出るか予想がつきません。ラフを渡り歩く大叩きを繰り返して、ラフに入ったときには素直に〝謝る〟ことが大切だと知ったのです。

東広野GCの厳しいラフで鍛えられ、「フェアウェイにボールを置くのが鉄則だ」と心底から悟り、今では、「飛ばしたい」と思うことはまったくなくなりました。ドライバーを握っても、「フェアウェイに置いておこう」と思えるのです。「ラフのほうが打ちやすいコースでばかりプレーしていると上手くならないよ」と厳しい一言。

また、最難関の13番パー4は、454ヤードもある長いホールです。しかも、3面グリーンなので、落としどころによっては3パットの可能性が高く、乗せただけではまったく安心できません。それでもこの長いホールで、第2打をアイアンで打つ人がいるのだそうです。ドライバーの飛距離が240ヤード前後の藤山さんは、210ヤードほどが残るので3番ウッドを握ります。

フェアウェイウッドで先に打つ利点もあります。先に打って3面グリーンのいいところに乗せることができれば、対戦相手にプレッシャーをかけることができます。こうして、フェアウェイウッドを磨くことに全力を挙げるようになりました。

また、どこにはずすかを考えてプレーするようになったのです。グリーンが3面になっているので、はずす場所によってはアプローチが極端に難しくなるからです。

バンカーも1つの選択です。藤山さんはバンカーショットが得意だからです。バンカーショットの練習には相当力を入れてきました。自宅で、座布団の上に、穴が開いたプラスチックのボールを置いて練習していたこともあったくらいです。これはプロの選手でもやっている練習法だそうです。

藤山さんは、リスク管理はゴルフでも会社経営でも同じだと言います。ミスは誰でも冒します。そのミスを1つで収める必要があるのです。林に打ち込んで、そこから無理な攻め方をして木に当てて、脱出するのに2打も3打もかかってしまう人がいます。これと同じようなことを会社経営でしていれば、会社はつぶれてしまいます。ミスを重ねて大叩きしているようでは、ビジネスマンとしてもゴルファーとしても最低なのです。経営幹部の藤山さんの一言だけに説得力があります。藤山さんは、ハンディ7になってはじめて、林から安全なところへボールを出せるようになったのだそうです。

ゴルフは確率のゲーム、ミスを減らすゲームです。実力以上のことをしようとしたら必ずミスにつながります。キャリーで200ヤード打たないと池や谷を越えないところで、向かい風であれば、ドライバーで240ヤードは飛ばせる藤山さんでも、ドライバーを封印して手前に刻むのだそうです。

とっておきのラウンド法

最後に、藤山さんは、とっておきのラウンド法を教えてくれました。

ぼくは、調子よく回っていても、急にテークバックの上げ方に違和感が出て、次第にスイングが狂ってしまうことがあります。こんな時、どうすればよいかと尋ねると、「ラウンド中に、思い付きでテークバックをいじってはいけない」との答です。テークバックを修正するのは、冬の間に時間をかけて打ち込んでするることだと言うのです。

さらに、「山口さんのようにスイングが固まっていれば、スイングが狂うということは考えられない、基本的なことが狂うのだ」とのことです。ラウンド中に調子が狂う原因は3つあるそうです。1つは、スタンスで右を向きすぎること、2つは、スイングのテンポが早くなること、3つは、グリップ圧が強くなることです。厳しいホールで緊張したり、同伴者に影響されて飛ばしたくなったりして、どうしても調子が狂ってくるのです。そんな時は、これらの3つをチェックして修正するのです。

ラウンドの途中で調子がおかしくなった時の即効薬を教えてもらいました。素振りしながら、「ボールを打つのではないよ」と自分に言い聞かせるのです。

最近、藤山さんはさらに責任ある立場になり、毎週のように東京へ出張している様子です。長距離の移動は体にこたえるのです。週末を休養にあてるので、コースへ出かける機会も減りました。また、春先から株主総会が開かれる6月までは多忙を極めます。平日に素振りをすることもままなりません。こうなるとゴルフへの執念が薄れます。そのため、2007年にハンディは8に落ちたのです。しかし、なんとか踏ん張って、今年の1月、7に戻しました。

多忙だといっても、ゴルフへの情熱は心の底ではふつふつと燃え続けています。藤山さんは、もう一花咲かせたいと思っています。まずは手始めに、今年60歳になって出場資格ができる、ホームコースのシニア選手権に出場して優勝を狙うつもりです。

藤山さんは、「楽しく真剣に」をモットーにしています。楽しいばかりで真剣にゴルフをすることを忘れている人が多いのです。誰しも本心では上手くなりたいと思っているはずです。また、真剣にゴルフに取り組めば誰でも上手くなれます。そして、上手くなればゴルフをもっと深く愉しめると藤山さんは言うのです。

藤山さんの夢は、命ある限りフェアウェイを歩き続けることです。その先にはエージシュートの夢もあるようです。

Column コラム

〝片手シングル〟になるのは超難しい

シングルのなかでも、ハンディが5以下のいわゆる〝片手シングル〟は特別の存在です。ぼくのホームコースの会員1470人のうち、シングルは51人(3・4%)です。そのなかで片手シングルはわずか8人にすぎないのです。シングルになることが今より遥かに難しかった昔のことを覚えている人たちのなかには、片手シングルが〝本当のシングル〟だと言う人もいます。

ハンディ9のぼくは、「パーを取って嬉しいゴルフ」をしています。ぼくにとって大切なのは、ダブルボギーを打たないことです。全ホールがボギーであれば、9ホールで45のスコアになります。パーを取って、45からいくつへこませるかを考えています。9ホールで5つのパーを取り、40で回ることを目標にしています。

片手シングルは、「パーを取って当たり前のゴルフ」をしています。9ホールで36のスコアが基本であり、いかにボギーを打たないかを考えています。
また、淡々とパーを重ねながら、いつもバーディを狙っています。70台で回るのが当たり前で、滅多に80を叩くことはありません。

片手シングルは、ドライバー、フェアウェイウッド、アイアン、ウェッジ、パターのどれをとっても弱点がありません。また、滅多にOBをしません。パーオン率は60%ぐらいと高く、仮にパーオンできなくても、高い確率で寄せてきます。さらに、たとえはずしても、ボールがカップの縁をかすめて、同伴者が「ヒヤッ」とするパットをします。どんな長いパットでも寄せ切って3パットすることがありません。

多くの人にとって片手シングルは縁がない世界かもしれません。彼らの想像を絶する精進をそのまま真似することは難しいことです。それでもゴルフについての考え方や上達法や練習法は参考になるはずです。片手シングルたちの話に耳を傾けてください。

達人シングルが語る
ゴルフ上達の奥義

4 番ホール

高倉勇さん

武蔵野GC（東京都）所属、69歳、ハンディ7、
シニア選手権優勝（2回）

たかくら・いさむ
1939年京城（現ソウル）生まれ、身長166cm、体重73kg、元住友商事株式会社勤務、ベストハンディ4、ベストスコア70

グリーンをはずしても パーを取れる技術を身につける

付き合いゴルフでも手を抜かない

高倉勇さんは58歳の時、兵庫県にある「よみうりGC」でハンディ6になりました。62歳で住商建材株式会社の社長を退いて悠々自適の生活に入ってから、練習量もラウンド数も増え、上達に拍車がかかりました。2002年、新たに入会した埼玉県にある高坂CCのシニア選手権に初挑戦して優勝し、念願だった片手シングルのハンディ5になったのです。2004年にもシニア選手権で優勝し、66歳でハンディ4になりました。2002年から5回、インタークラブ競技に出場する代表選手に選ばれています。

1990年代の中頃、住友商事株式会社の取締役であった高倉さんと、仕事の付き合いで時々ゴルフをする機会がありました。ある時、台風が近づいて朝から大雨が降っていました。クラブハウスでコーヒーを飲みながら目を外にやると、激しい雨と霧でフェアウェイはまったく見えません。「これではプレーは無理だな」と思っていると、高倉さんは、天候のことを話題にすることもなく、1番ホールへすたすたと歩いて行きます。慌てて後を追いました。高倉さんは、いつものようにティアップして、視界が定まらないフェアウェイに向かって、何のためらいもなくボールを打ち出しました。

高倉さんは、ゴルフを遊びだと考えていないのです。この頃まだホームコースを持っていなかったぼくにとって、仕事での付き合いゴルフは貴重なラウンドの機会です。仕事で真剣なゴルフができるのは願ってもないことでした。高倉さんは、付き合いゴルフであっても、自分にとって厳しいハンディを相手に与えて、手を抜かないで真剣勝負をするのです。これは初めての体験でした。

最近お会いしたとき、ぼくが昔の思い出話をすると、「たとえ仕事の付き合いでも、いい加減なプレーをするのはゴルフを冒涜することになると考えていた」と話してくれました。全力を尽くしてこそスポーツです。手抜きをすれば同伴者にもすぐにわかり気分もよくないでしょう。フェアプレーで競ってこそ喜びがあるのです。

シングルの壁を破る5つのアドバイス

ホームコースのハンディキャップボードを見ると、ハンディ10〜12のゴルファーが多いのです。シングル直前で留まっているゴルファーを揶揄して〝テンカス〟と呼ぶのだそうです。

ぼくがこの〝テンカス〟から抜け出せずに悩んでいた2002年1月、思い余って、「どうやればシングルになれるか」と高倉さんにEメールで尋ねると、すぐに答が返って来ました。この時もらった5つの助言を紹介しましょう。

「貴兄のゴルフへの思い入れはものすごく奥が深い感じがしますので、ただシングルゴルファーになる程度のことではないと思います。しかし、お尋ねですので、私の勝手な見解を申しあげます。

1つは、アマチュアのパーオン率は多分50％も行かないと思います。そのため、スコアメークは、グリーンをはずしたときの処理、すなわちいかにパーを拾うかにかかっています。はずすとしても、『ここだけには打ってはいけない』というところがあります。グリーンに乗らなくても、そこへははずさないというのが、最も大事な攻め方です。

2つは、ピンへの寄せ方です。これは練習で距離感を磨くことに尽きます。イメージとしては、ボールを手でトスする感じを身につけるように練習してください。

3つは、70台で回るには、やはりドライバーの飛距離がほしいですね。年齢が上がると飛距離が出るドローボールを打ちたいところです。ドローボールの打ち方はいろいろあるでしょうが、一番簡単なのは、頭を徹底的に後ろに残し、大きなフォロースルーで打つことです。ボールをよく見ることになり、ミート率が上がります。

最近、デービッド・デュバルやアニカ・ソレンスタムなどのスイングを見て、「頭を残さず、腰の切れをよくして振り抜け」という人もいます。しかし、アマチュアはなかなか彼らのようにはできません。ボールをしっかり見ないと、ボールを芯で捉えることが難しいのです。

4つは、パッティングです。パッティングの理論はまだわかっていません。フォローを出すように気をつけているのが現状です。1mをはずしたくないですね。

5つは、どれくらい適度な緊張感を維持し続けられるかです。やはり集中力ですね。精神のセルフコントロールといってもいいでしょうね」

この助言をもらって1年半後に、ぼくはシングルの壁を破りハンディ8になりました。高倉さんの助言の効能がわかろうというものです。

ゴルフも野球もコントロールは腰で

高倉さんは、大阪府北部にある名門、茨木CCの近くで育ちました。このあたりは広大な千里丘陵の一角で、自然のままの丘や雑木林があり、そこで遊び回っていました。茨木CCのコース内の貯め池で釣りをしたこともあるそうです。子供の頃に山野を走り回ったことで、基礎体力がつきました。70歳近くになっても衰えない高倉さんの飛距離の源は、子供の頃に鍛えた下半身なのです。しかし、自信があったその基礎体力も衰え始め、「そろそろ貯金がなくなってきた」そうです。

小学校と中学校を通じて、高倉さんは学校を代表する野球部の正選手でした。放課後は、毎日のように日が暮れるまで練習したのです。大学では野球部には入らず、クラス対抗戦でピッチャーとして活躍するぐらいでした。会社に入ってから準硬式野球部に入部。しかし、大学野球で鳴らした部員ばかりなので、試合に出場する機会がないまま1年が過ぎ、2年目に入ったある時、監督から「お前、投げてみるか」とチャンスをもらったのです。そこで認められて、2年目に正選手のピッチャーになりました。

高倉さんは、小柄なこともあり、剛速球投手ではありませんでした。球速ではなくコントロールで勝負していたのです。住友グループ企業の対抗戦で、投手として5回も優勝したのですから、高倉さんのコントロール力は相当なものだったのでしょう。

高倉さんは、ピッチングについて専門家から指導を受けたことはありません。自分でインサイドとアウトサイドの投げ分けを練習している時、「ボールは腰によってコントロールするものだ」とわかったのです。こうして、ピッチャーとして腰でボールをコントロールするのが習い性になりました。

どんなピッチャーにとっても、最後の決め球は、打者の目から一番遠い「外角低目」だそうです。高倉さんは、腰の切れでボールを外角低目に投げ込んでいました。投げ込んで疲れてくると、骨盤の後の中央部が痛んだのだそうです。これはゴルフのラウンドが続いて痛くなる箇所とまったく同じなのだそうです。この話を聞いて、自分の指で、骨盤の後の真ん中を指で触って、腰を左右に回してみました。すると、高倉さんが指摘した場所は、背骨と骨盤の境界部です。その箇所を手で触ったまま、背中と肩を左右に回すと、背骨が、骨盤に差し込まれた一点を中心に動いているのを感じます。

この瞬間、シングルになってから、ぼくの腰痛が嘘のように姿を消した理由がわかったのです。かつては、頻繁に腰痛になっていたのです。シングルになる前は、上半身主体のスイングで、肩や背中を捻っていました。すると、背骨が自ら回転しようとします。その結果、骨盤につながった部分の筋肉（インナーマッスル）やじん帯を酷使することになります。これが腰痛を引き起こしたのでしょう。

シングルになってから、下半身主体のスイングを覚えました。下半身の動きにつられて背中や肩が動くのです。自ら動くのではなく、他の大きな筋肉の動きによって動くのですから、骨盤と背骨をつないでいるじん帯やインナーマッスルへの負担が少なくなったのです。

「腰でコントロールする」というのは、シングルの腕前になってはじめて理解できる感覚です。腰でボールをコントロールできるようになれば、シングルの腕前なのです。

野球の経験を生かして急速に腕を上げた

高倉さんは、小学校から野球をしてきましたが、コーチや監督に一度も指導を受けたことがありません。野球部の監督は、いずれも野球の経験がない教師でした。先輩や上手い人のプレー振りを観察したり、自分なりの工夫をしたりして上達してきました。ゴルフでも特定の指導者についたわけではありません。「今まで一緒にプレーしたゴルファーはすべて先生だった」と高倉さんは言います。

23歳の時、先輩に連れられて、淀川の河川敷にある9ホール、パー33の淀川GCに行ったのがゴルフを始めたきっかけです。打ち放し練習場での最初の出来事は今でも忘れません。野球を長くやってきたので、止まっているボールぐらい簡単に打てるだろうと思って、目いっぱいクラブを振ると、3球続けて空振りして、メガネがふっ飛びました。そばで練習していた妙齢の女性にいい格好を見せようとしたのです。

淀川GCで何回かラウンドした後、和歌山県にある白浜GCで、初めての接待ゴルフに臨みました。ゴルフを始めて4カ月ぐらいの頃です。まだドライバーは打てません。3番ウッドとアイアン4本を借りて27ホールを回り、51、49、50のスコアが出たのです。半年後には、早くも30台が出ました。

5本のクラブで1年間練習して、無銘の11本のクラブを購入しました。しばらくして、有名ブランドのクラブがほしくなり、生命保険を解約したお金でスポルディングのクラブを購入しました。この頃から練習は好きだったそうです。週に一度、近くの打ち放し練習場に行っていました。腰が痛くなるので100球が限度です。初心者は上半身で打ち、しかも無駄な筋肉を使うので腰への負担が大きいのです。

ハンディがほしくなり、33歳の時、借金をして大阪府北部にある箕面GCの会員権を購入しました。初めてもらったハンディは19。すぐに月例杯に出場すると、グロス77、ネット58のスコアで、ぶっちぎりの優勝です。ハンディは一挙に13になりました。「ゴルフは面白い」と心の底から感じて熱中するようになります。

この頃、シングルゴルファーと一緒に回ると、なんとも上手いのです。シングルになりたいという思いが強くなり、練習に励むようになりました。その成果が出て、毎年ハンディを1つずつ縮め、37歳の時、キャプテン杯で優勝してハンディ9になり、念願のシングル入りを果たしたのです。友人たちが盛大なシングル祝いのコンペをやってくれ、お祝いに立派な置き時計をくれました。箕面GCに入会して3年目のことです。

高倉さんが急速に上達したのは、子供の頃から長い間野球をやってきたからです。手首の使い方や、ボールを腰でコントロールするところなど、野球とゴルフには体の使い方で共通するところがあります。

野球のバットは1kgもあって重いので、バットを振る時は、誰でも自然に腰を使います。しかし、ゴルフクラブは軽いので、どうしても〝手打ち〟になりやすいのです。手打ちを卒業して、下半身でスイングできるようになれば上級者です。しかし、普通の人は、なかなか手打ちの段階を卒業できません。

ところが高倉さんは、ゴルフを始めた時から、「下半身でスイングする」のが身についていました。野球のピッチングでの腰の動きをゴルフに応用するだけでよかったのです。高倉さんが一気にシングルになれたのは、野球の経験を生かしたからです。

子供の頃に山野を駆け回っていたこともあり、高倉さんの下半身は強靭です。「土工の脚だ」とよく言われたくらい太い脚をしています。しかし、左利きの男性と右腕で腕相撲をしても勝てないくらい、腕の力は弱いのだそうです。腕力がないことを知っている仲間と飲んだ時、力自慢の女性と腕相撲をして勝ったら1万円やると言われて、見事に負けたのだそうです。しかし、腕力がないことがゴルフには幸いするそうです。腕力がなければ下半身に頼るしかないからです。

まだまだ上り坂

高倉さんは1990年、52歳で台湾に単身赴任し、ゴルフ三昧の3年間を過ごしました。現役を退いてからも、時々台湾を訪れて、旧い知り合いのインストラクターにスイングをみてもらい、謝錦昇プロや曽秀鳳プロらにラウンドレッスンをしてもらっています。ゴルフが本当に好きなのです。

高倉さんによれば、「上手くなる秘訣はゴルフを好きになることだ」そうです。才能がなくても、練習が好きになれば勝手に上手くなるのです。高倉さんは、「誰でもハンディ9になれる」と断言します。

高倉さんは週に1回のラウンドを長く続けてきました。1週間の間に十分な練習をして、その成果を週末のラウンドで確かめるのです。週2回のラウンドは多すぎるのです。練習もしないで、なんとなくラウンドしても集中できないのです。

高倉さんは、大学でグリークラブに所属していました。今も、男声合唱団、マーキュリー・グリークラブに所属して活発に活動しています。近年、著名な合唱指揮者の指導により、日本の伝統音楽に根ざした斬新な難しい曲目を猛練習するようになり、高

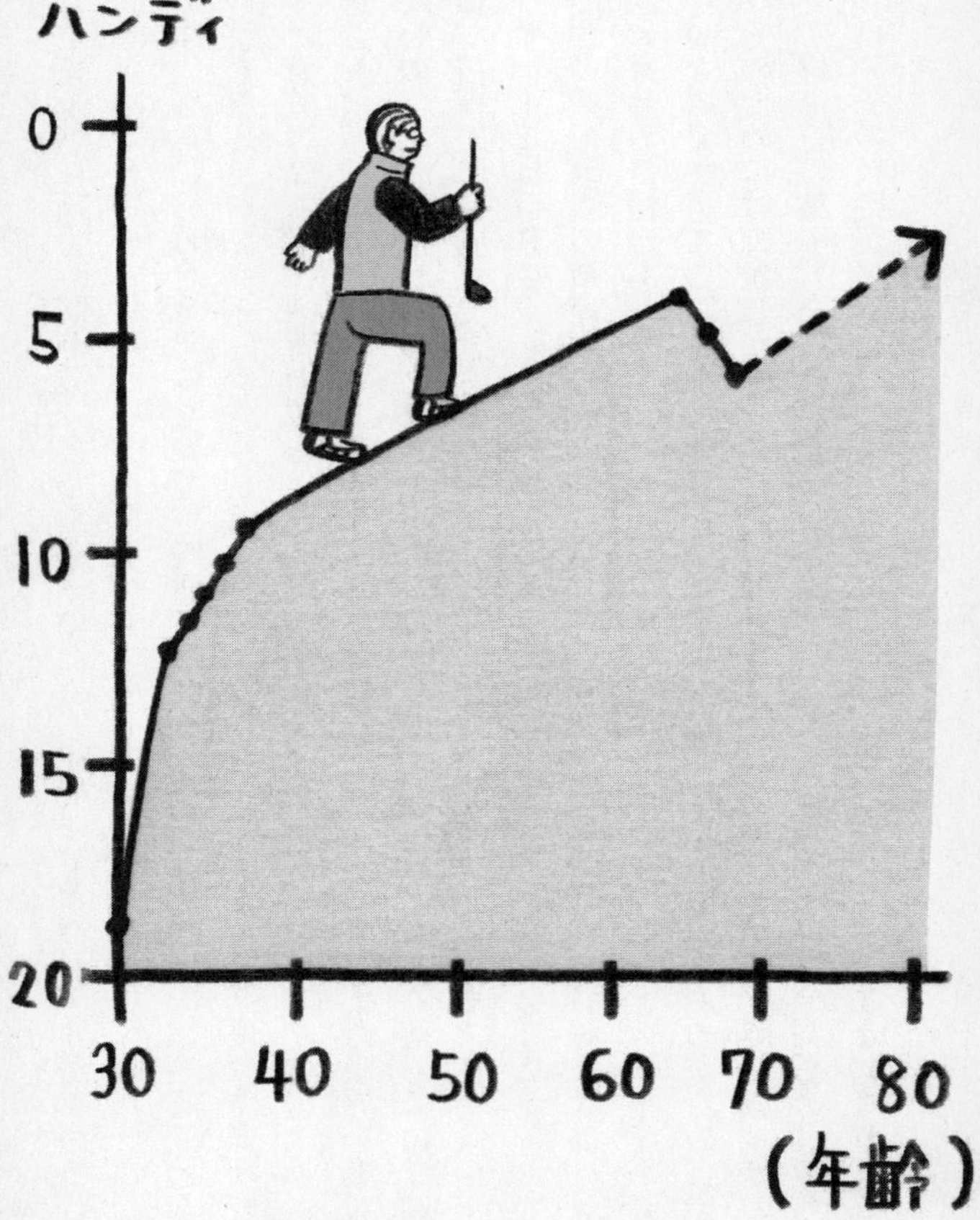
ハンディ
0
5
10
15
20
30
40
50
60
70
80
（年齢）

倉さんがゴルフに割く時間が減りました。そのため、66歳の時、ハンディが4から5に落ち、翌年、6にまで落ちて、インタークラブ選手権の代表選手からも漏れたのだそうです。さらに2008年になって、斜面で転倒して左肩と腕を強打し、練習もままならなくなり、ハンディは7になりました。しかし、「今は上り坂、頂点はまだまだ先」と意気軒昂です。練習の質を上げて、ハンディ3になるのが目標です。

高倉さんは、70歳を過ぎても上手くなる確信があるそうです。まだまだ限界を感じていないのです。日進月歩のクラブとボールのお蔭で、飛距離もあまり落ちていないうえに、技術的にも向上できるところがはっきりと見えているからです。

ドライバーではOBさえしなければよいと考えています。飛距離も220ヤードで十分です。技術改善の余地があるのはアプローチです。20～30ヤードであれば1パット圏内に寄せる自信があります。しかし、100ヤード以内のアプローチの精度がいまひとつなのです。この距離を、確実に1ピン以内に寄せるようになるのが今の目標です。そのためには練習しかありません。練習の質を上げることが必要だと思っています。1打1打の集中力を高めることが必要なのです。

アプローチの精度が高くないのは、ボールを芯でとらえていないからです。1球ごとにとにクラブフェースの当たるところがずれるので、飛距離と方向性が悪いのです。

高倉さんは、1球1球が楽しくてならなかった昔、ひたむきであった昔に戻りたいのだそうです。「道は遠いけど一歩一歩ゴルフ道の頂点を目指して歩くつもりだ」と言う高倉さんの目は少年のように輝いています。70歳を目前にして衰えを知らない闘志に喝采！

達人シングルが語る
ゴルフ上達の奥義

5 番ホール

上村守之さん

新大阪GC（大阪府）所属、56歳、ハンディ1、
2005年クラブ選手権優勝

うえむら・もりゆき
1952年兵庫県生まれ、身長165cm、体重64kg、松下電器産業株式会社勤務、ベストハンディ1、ベストスコア65

SWでスイングの“コア”をつくるのがシングルへの近道

9番アイアンが〝基本クラブ〟

上村守之さんに初めてお会いしたのは、上村さん行きつけの打ち放し練習場です。失礼ながら、小柄な体格と穏やかな表情からは、ハンディ1の達人だとは見えません。ところが、しばらく練習の様子を観察していると、軽く振っているのに、ボールは矢のように真っ直ぐ飛んで行き、曲がる気配は皆無です。1打ごとに目標を変えながら、ショートアイアンでボールを打っています。そのクラブを見せてもらうと9番アイアンでした。

9番アイアンが、上村さんの〝基本クラブ〟だそうです。今も昔も、一番よく練習するのが9番アイアンなのです。9番アイアンは、振りやすくてボールが上りやすいので、すくって打つ動きが出ません。そのため、ヘッドを正しい軌道に乗せたり、切り返しのタイミングやリズムを覚えたりするには、9番アイアンが最適なのだそうです。そうは言っても、なんとなく合点がいきません。9番アイアンは初級者が練習するクラブだという先入観があるからです。

上村さんの9番アイアンを見せてもらうと、スイートスポットのところに、1円玉ぐらいの白い円が描かれています。よく見ると、なんと！　ボールの表面が削れてこびりついている打球痕なのです。いつもボールを真っ芯でとらえている証拠です。「これほど芯で打てるとは！」と目を見張りました。これこそハンディ1の証です。

この時は、お互いに時間がなくて立ち話で終わり、後日改めてお会いすることになりました。

多忙なサラリーマンがハンディ1に

上村さんは、松下電器産業株式会社に勤務しています。いろいろと制約の多い多忙なサラリーマンが、どうやってハンディ1になるまで上達したのか興味津々で、先日と同じ打ち放し練習場に向かいました。毎日多忙で帰宅も遅い上村さんは、ゴルフをするのは週末だけです。年間ラウンド数も40回に過ぎません。そんな上村さんが、どうやってハンディ1になったのか知りたい気持ちが募ります。

上村さんは、小学校5年生から中学校を終えるまで野球部に所属していました。教師が監督を兼務していたので、技術指導を受けたわけではありません。高校では、走るのが得意だったので陸上部に所属。しかし、体を壊して軟式野球部に鞍替えしてショートを守りました。

1970年、上村さんは松下電器産業株式会社に入社し、テレビ受像機を製造する工場に配属されます。すぐに軟式野球部に入部し、会社を代表して地域の野球大会で大活躍するようになりました。この頃、週末を含め、週に4日は練習していました。

26歳の時、熱心にゴルフをしていた会社の同僚に連れられて、打ち放し練習場に行ったのがゴルフを始めたきっかけです。ただちに、白球を遠くへ飛ばすゴルフの魅力に惹き込まれてしまいました。

28歳までの2年間は、野球とゴルフを両立させていました。野球とゴルフでは手首を立てて使うところ、手首の角度、肘の使い方など、体の使い方で共通することが多いのです。ところが、次第にバッティングのフォームがゴルフスイングのようになってしまい、低目のボールが打てなくなってしまいました。監督から「なんというバッティングをしているのだ！」と叱られる始末です。あまり迷惑をかけるわけにもいかず、軟式野球部を退部しました。

野球を止めてから、週末にゴルフの練習をして、月に1~2回、河川敷コースでラウンドするようになりました。給料に対してプレー代は高く、ラウンドは高嶺の花でした。それでも次第にゴルフにのめり込んで行きました。30歳を過ぎた頃、全日本パブリックアマチュアゴルフ選手権に出場するようになりました。その頃のハンディは7～8、やがて5になります。

45歳で新大阪GCに入会し、初めてもらったハンディは9。なんと！ 2桁のハンディをもらったことがないのです。入会した年、理事長杯でいきなり優勝し、ハンディは7になりました。さらに4年後、ハンディは5となり片手シングルになったのです。さらに4年後、53歳の時、クラブ選手権で優勝してハンディは2になりました。現在のハンディは1。ハンディが9から1になるのに、ちょうど10年かかっています。

過去6年間、クラブ選手権のベスト4に入っています。去年は準優勝でした。新大阪GCにはずば抜けた人はいない代わりに、上級者の層が厚くて好敵手が多く、クラブ選手権を連覇するのは至難の業なのです。

スイングの〝コア〟をつくる

上村さんは、平日には、重さ1kgのマスコットバットを50回ほど振るだけで、クラブは握りません。打ち放し練習場に行くのは土曜日だけです。それでもハンディ1になるまで上達できたのは、一見遠回りのように見えて実は近道の、効果的な練習を続けてきたからです。

とっておきの練習のツボを教えてもらいました。上村さんは、SWを使って、地面とシャフトが平行になる小さなトップから、同じくシャフトが地面と平行になるフィニッシュまでの、180度のスイングを実演してくれます。小さなスイングにもかかわらず、左脇を締めて、フルスイングとほとんど変わらないくらい、下半身をしっかり使っているのがわかります。スイングに緩みがありません。「ビシッ！」という音とともに強いボールが飛び出すのに目を見張りました。ロフト58度のSWなのに、60ヤード近く飛んでいます。

上村さんは、この練習で「スイングの〝コア〟をつくっている」と言うのです。初めて聞いた言葉です。〝コア〟とは果物の芯のことで、転じて物事の核心を意味します。

12
3
6
9

上村さんは、スイングの核心を〝コア〟と呼んでいるのです。

上村さんは、次に、方向と距離が異なる5カ所ぐらいの目標に向かって、次々とボールを打ち始めました。スイングの〝コア〟をつくる打ち方はそのままに、バックスイングの大きさを調整して距離を合わせているのが見て取れます。ぼくは、アプローチではヘッドスピードを抑えて軽く振るようにしています。しかし、上村さんのアプローチは、小さなバックスイングから、加速してインパクトを迎えているのです。円弧の大きさが違うだけで、アプローチとフルスイングの基本が同じなのです。

上村さんのSWのスイングには緩みがありません。下半身をしっかりと使って、シャフトが首筋に当たるまで完璧に振り切って、フィニッシュの姿勢をしばらく保ちます。体の動きに微塵も無駄がないのです。まるで精密機械のようです。

「スイングで一番大切なのは、いかに正確にタイミングよくボールをとらえるかだ」

と上村さんは考えています。そのためには、フルスイングよりも、2分の1や4分の3の小さなスイングで練習するのが効果的なのです。

「スイングのコアをつくる」練習を指導してもらうことになり、上村さんを真似て、小さなトップから加速するスイングを試みました。しかし、なかなか芯で打てません。

上村さんが、「動きにムダがある」と指摘します。そこで、両足を踏ん張り、下半身をしっかりさせてスイングすると、少し当たるようになってきました。

「疲れるでしょう！」と上村さん。ぼくのいつものアプローチの練習では、３００球を苦もなく打てます。しかし、上村流では、わずか30球でも疲れるのです。

上村さんは、スイングを樹木に喩えて、「コアは幹であり、テクニックは枝葉だ」と言います。上村さんは、まずは幹を太くするのが肝心で、ボールを曲げたり高低に打ち分けたりするテクニックは二の次だと言うのです。

さらに指導を受けながら打っているうちに、上村さんは、テークバックよりもフォロースルーを重視しているとわかってきました。加速しながらインパクトを迎え、さらにフィニッシュに向かって加速を持続しているのです。たとえ20ヤードを打つ時でも、ヘッドを加速しているように見えます。短い距離のほうがヘッドを加速するのが難しいとわかってきました。助走が少ないからです。どうしても手打ちになるのです。20ヤードを、下半身をしっかり使って打つのはフルショットより難しいのです。

加速していればヘッドの動きにブレが生じません。このことは、パット時のボールの転がりを考えるとよく理解できます。パットした直後は、ボールは傾斜の影響をあまり受けません。速度が落ちると曲がり始め、止まる直前に大きく曲がります。

ぼくが、SWでシャフトを首筋に当てるほど振り切ってみせても、まだフィニッシュが小さいと言って、上村さんは、ぼくの右肩を押してもっと回そうとします。加速を続ける一番の方法は、とにかく振り切ることなのです。

上村さんが練習で打つのは多くて200球です。そのうち50球が、9番アイアンの練習です。ドライバーでは20球ぐらいしか打ちません。100球を、SWによる60ヤード以内の練習に充てています。そのうち60球がスイングのコアをつくる練習です。実に、30％をスイングのコアをつくる練習に充てているのです。上村さんがいかにコアをつくる練習に重きを置いているかがわかろうというものです。上村さんは、SWでスイングのコアをつくる練習を、20年にわたって続けてきました。

SWのような短いクラブを正確に打つ練習をするのが、遠回りのようで実は上達の近道だと上村さんは言うのです。ドライバーの練習ばかりするのは、無駄どころか、悪い癖を身につけてしまうと上村さんは警告します。

SWで100球を打つ練習は地味で退屈です。それでもこの練習が上達の近道だと実感できると続けられます。しかし残念なことに、多くの人が、そのことを実感する前に諦めてしまうのです。

ぼくは、ウェッジはアプローチ専用のクラブだと思っていました。しかし、上村さんは、ウェッジにはもう一つ重要な役割があると言うのです。ウェッジはスイングの基本を身につけるのに最も適したクラブだと上村さんは考えているのです。ウェッジを使って芯で打てるようになれば、9番アイアンでも芯で打てるようになります。そして8番アイアン、7番アイアンでも芯で打てるようになり、最後はドライバーでさえも芯で打てるようになるのです。

フルスイングの幅をつくる

上村さんは、それぞれのクラブで、「このトップからこのフィニッシュまで」というように、フルスイングの幅を練習で身につける必要があると言います。「振り幅を練習で身につける」とは初耳です。フルスイングの幅は、リラックスしてスイングできる範囲に、また体の安定を保つことができる範囲に収まっている必要があります。「ここからここまで」という振り幅の許容範囲がしっかりと身につくと、飛ばし屋と一緒に回っても、影響されて無茶振りすることがなくなるそうです。上村さんのフルスイングを見せてもらうと、スリークォーター（4分の3）スイングに見えます。ラウンドでは、「もっと飛ばしたい」という気持ちから、本来のフルスイングの幅をはみ出して大振りしてしまいがちです。するとリズムと軌道が狂ってミスショットになるのです。

特にドライバーでは、振り過ぎる傾向があります。飛ばしたいという気持ちが働くからです。また、クラブが長く慣性モーメントが大きいため、惰性が働くからです。その点、ウェッジでは振り過ぎることはありません。この意味でも、ウェッジでスイングの基本をつくるのは理に叶っているのです。

上村さんによれば、クラブ固有の飛距離とは、余計な力が入っていないリラックスした状態で、許容範囲の振り幅でスイングしたときの飛距離です。思い切り振って、たまたま芯でとらえたときの最大飛距離ではありません。

「ウェッジの感覚でドライバーを振れ！」と上村さんは言うのです。しかし、実際にはドライバーの感覚でウェッジを振っている人があまりにも多いのだそうです。正確さが命のウェッジを振り回したのでは、スコアをつくることはできません。

ドライバーを振り回していれば練習した感じがするかもしれません。しかし、それは「練習のための練習」にすぎません。コースでクラブを振り回すのは禁物です。リラックスした中でドライバーを振るためには、ショートアイアンでボールを芯でとらえる練習が必須だと上村さんは言うのです。

ショートアイアンの練習で芯をとらえることができるようになれば、ドライバーのスイングでも「軽く打っているな」と言われるようになるそうです。これは誉め言葉なのです。余分な力が入っていないことの証左だからです。

ゴルフで得たものはゴルフに返す

上村さんは、1年を〝オン〟の6カ月と〝オフ〟の6カ月に分けて考えています。キャプテン杯がある5月から、クラブ選手権がある10月までの6カ月が〝オン〟の期間、11月から4月までの6カ月が〝オフ〟の期間です。

競技ゴルフを続けていると、スイングが少しずつ崩れ、「こうしている」と思っていても、「実はそうなっていない」ということが起きてきます。自分の感覚と現実との間にギャップが生じるのです。しかし、〝オン〟の期間中には、上村さんはそのギャップを埋める取り組みはしません。自分のスイングをさらに崩して泥沼に入ってしまうリスクがあるからです。

上村さんは、〝オフ〟の間に、スイングを組み立て直しています。しかし、スイングの点検は自分ひとりでは難しいのです。幸いなことに、上村さんには、会社の先輩で早期退職をしてインストラクターをしているMさんというコーチがいます。Mさんとは30年来の付き合いで、上村さんの良いところも悪いところもすべて理解してくれています。Mさんにビデオカメラで撮影してもらって、一緒になってスイングをチェックします。映像で確かめると悪さ加減があからさまになります。映像は説得力があるので、悪いところを直さざるを得ないのです。

上村さんは、ゴルファーにはコーチが必須だと考えています。ただし、控え目なコーチがよいのだそうです。Mさんは、よほどのことでないと、自分から上村さんに助言をすることはありません。悩んでいると、「理想はこうですよ」と控え目に助言してくれます。決して押し付けがましいことは言わないのです。上村さんが訊けば、「こうなってますよ」と答えてくれます。「変なことを言うと上村さんのスイングを崩してしまう」と考えてくれているのです。Mさんは〝プル型〟の理想的なコーチのようです。

上村さんは、多くのアマチュアがせっかく練習に励んでいるのに、ムダをして遠回りしているのを見ていて、いつも、もどかしく思っています。そんな悩めるアマチュアに、自分が実践してきた上達術を伝授するのが、定年退職後の上村さんの夢です。スイング理論を正式に学んだうえで、論理的にアマチュアを教えたいと思っています。「ゴルフで得たものはゴルフに返す」という言葉を思い出しました。「上村塾」が実現する日が楽しみでなりません。

達人シングルが語る
ゴルフ上達の奥義

6 番ホール

デービッド・フォレストさん

ガランGC所属、75歳、ハンディ7、1963年クラブ選手権優勝

DAVID R. FORREST
1933年スコットランド・マッセルバラ生まれ。身長178cm、体重73kg。元スコットランド銀行勤務。ベストハンディ0。ベストスコア68

スコットランドの風は滑らかスイングで

強風下での正確な球捌きに驚嘆！

２００４年、定年退職して非常勤で働くようになったのを機に、ぼくは伴侶とともに、ゴルフ発祥の地で一夏を過ごすことにしました。滞在する場所として選んだのは、首都エディンバラの東郊にあるガラン（Gullane）という人口２２３０人の小さな街です。ガランを選んだのは、友人のデービッド・サンダーソンさんが、別邸「ウィン・コテージ」を提供してくれたからです。行ってみると、「ウィン・コテージ」は、小さな商店が並ぶ表通りから路地を一歩入った絶好の場所にありました。表通りには日常生活に必要な店やレストラン、銀行、郵便局がそろっています。そして、なんといっても、３つのリンクスをもつガランGCまで歩いて5分なのです。

ごみ収集のため表通りに出しておいたゴミ箱を引き取りに行った帰りに、隣家の庭に出てきた長身の男性と視線が会い、挨拶を交わしました。デービッド・フォレストさんでした。10年前にスコットランド銀行を定年退職し、悠々自適の毎日です。35歳でハンディ0のスクラッチプレーヤーになり、75歳になった今もハンディ7を保っています。ぼくがリンクスを愛する熱心なゴルファーであると知ったデービッドが、自分のホームコース、ガランGCの№1コースにぼくを招いてくれることになりました。

当日の朝、コースへ行くと、かなり強い風が吹いています。それでも典型的な〝そよ風〟の日だそうです。

379ヤードの2番パー4は、標高50メートルのガランの丘を登っていく難しいホールです。グリーンまでかなり上っていて、2〜3番手は違う向かい風です。デービッドが打った低い球筋のドライバーショットは、風の下をくぐって真っ直ぐ飛び、フェアウェイを転がっています。第2打は残り200ヤード。デービッドは、第2打をアイアンで低く打ち出しました。転がるようなショットです。なんと！1番アイアンでした。見せてもらうと使い込んだ傷だらけの年代物のアイアンです。25年間使い続けている「トミー・アーマー」だそうです。

デービッドのショットは、ドライバーからアプローチまで低い球筋です。決してボールを高く上げません。真っ直ぐに打ち出してフェアウェイをキープし、一度もラフに入れませんでした。バンカーに入れたのも1回だけです。正確な球捌きに驚嘆！

素振りのようにスイングせよ

翌日、愛犬を連れて散歩中のデービッドにばったり会いました。「低い弾道の打ち方を教えてほしい」と言うと、自宅に招き入れられました。リビングルームにはゴルフの本が並んでいて、いかにもゴルファーの家という雰囲気です。奥様のモーリンさんがおいしい紅茶を入れてくれます。

デービッドは、1963年、30歳でガランGCのクラブチャンピオンになっています。その後、35歳で、「コートールド・トンプソン杯」というハンディ3以下の会員だけが参加する、36ホールのストロークプレーのクラブ競技でも優勝しています。

デービッドは、エディンバラに隣接する小さな街、マッセルバラで生まれ育ちました。マッセルバラはかつて漁村でした。多くの漁師が住み活気にあふれていたのです。デービッドがゴルフを始めたのは13歳の時です。8人の腕白仲間と連れ立って、自宅から歩いて10分のマッセルバラ・リンクスへ毎週8〜9回も通いました。マッセルバラ・リンクスは、ゴルフ史に必ず登場するコースです。平日は学校が終ってからラウンドします。さらに土曜日と日曜日には、それぞれ2回ラウンドするのです。

マッセルバラ・リンクスを取り囲む競馬場の鉄柵にぶつけて、鼻の骨を折ったそうで、鼻に残る傷を指差しています。鉄柵の存在を忘れるぐらい熱中していたのです。その頃、すでにシングルの腕前でした。腕白仲間との競争で負けたくない一心で上達し、21歳でハンディは3になりました。

その後、パークランドコースのモンクトンホールGCに入会し、かなり真剣にゴルフをしていました。軍役を2年間勤めた後、1956年、26歳でガランGCに入会。資格審査もなく、即入会が認められたそうです。よき時代でした。今では6人の会員の推薦が必要で、しかも、空きが出るまで15年は待たなければいけません。

ガランGCでプレーするようになって、デービッドはリンクスでのプレーの難しさを知りました。パークランドコースでは芝が長いのでボールが浮いています。しかし、リンクスは表面が固く締まっているので、ミスの許容量が小さいのです。当時は灌漑設備がなかったので芝の生育が悪く、しかも太陽光線で焼けて、フェアウェイは砂を固めたベアグラウンドのようになっていて、正確なスイングが必須だったのです。

そこで、ガランGCのクラブプロ、ヒュー・ウォードにレッスンを受けました。それから2年後、35歳でスクラッチプレーヤーになりました。デービッドは、ヒュー・

ウォードから50年前に教わった、リンクスでのプレーの奥義を2つ教えてくれました。

1つは、「Swing smooth!」です。「ボールを強く打たないで、滑らかにスイングしてフォロースルーを大事にすること」と続きます。強く打てばボールにスピンがかかるのでボールが高く上がり、ボールがスピンを失って落ちるとき、風に流されてしまいます。滑らかに打てば、ボールは高く上がらず、落ち始めてからも前に進む力を失わないので、風の影響を受けないのだそうです。

また、ハーヴィー・ペニックの著書『レッドブック』（日経ビジネス文庫）に、「Let the ball get in the road of the swing!（スイング軌道にボールを乗せろ）」と書いてあると教えてくれました。ハーヴィー・ペニックは、「素振りのようにスイングしろ」とも書いているそうです。誰でも素振りのときには力いっぱい打ったりしないものです。

2つは、「Keep your balance !」です。デービッドは立ち上がって、両手を左右に振りながら、体の上下動がないように水平を保つこと、そして、左右に揺れないように体のバランスを保つことの大切さを実演してくれました。そうすれば良いテンポが保てるとも言います。

Keep your balance!
Swing Smooth!

ぼくが、「強い向かい風を意識して、どうしても強く打ち過ぎてしまう」「ラフや厳しいバンカーを意識して、引っ掛けたり押し出したりする」と悩みを打ち明けると、「それは誰にでもあることだ。修練を積めば、どんな状況でも、滑らかにバランスを失わないようにスイングできるようになる」とデービッドが答えてくれます。風や、厳しいラフやバンカーだけでなく、斜面などライが悪い時にも、体のどこにも余分な力が入っていない、素振りのような滑らかなスイングができるようになれば、真の上級者なのです。

この2つを、いつでもどんな厳しい状態でも自然に再現できるようになるためには、〝意思の力〟がいるそうです。デービッドは、練習やラウンドのとき、手の甲に「Swing smooth!」と書いた紙を貼っていたのだそうです。

フェアウェイキープがゴルフの基本

ハンディ20ぐらいで月に1~2回しかコースへ行けないゴルファーに上達のコツをアドバイスしてほしいと頼むと、次の答が返ってきました。

「練習場でたくさんボールを打ってもなかなか上達しない人が多いのは、悪い球が出た時、それを修正しようとして練習しているからだ」「スライスが出てボールが右へ行くので、ボールを左へ行かそうとして左を向けば、ますますスライスがひどくなる」なぜスライスが出るのかを知らなければ、スライスの矯正はできないのです。スライスの原因を知るためには、レッスンプロのような専門家のところへ行くのが一番だそうです。「病気になれば医者に行くだろう」と言います。デービッドは、4月になると、ガランGCのヘッドプロ、アラスティア・グッドから2度ほどレッスンを受けて、冬の間に狂ったスイングを修正した上でシーズンに入るのだそうです。

先日のラウンドで、デービッドが1番アイアンを使ったのを思い出し、なぜそんな難しいクラブを使っているのかと尋ねました。すると、向かい風ではロフトが小さいクラブが有利だからです。昔は、480ヤードのパー4で、強烈な向かい風の中でドライバーを3回使ってグリーンに届かせたことがあると言います。「今でも1番アイアンを使っているのは、それを使えなくなったと認めたくないからかな」言いながら破顔一笑。

3番以下のアイアンは10年間使っています。1年前、新しいアイアンに買い替え、古いアイアンを義理の息子に譲りました。ところがなじめなくて、古いクラブを取り返して新しいクラブを渡したのだそうです。問題は性能ではなく、気持ちよく扱えるかどうかなのです。

最後に、1970年にリード・ジャックと組んでフォアサムをプレーした時のエピソードを話してくれました。リード・ジャックは、ガランGCの会員で、1957年の全英アマチュア選手権の優勝者です。

フォアサムは、1つのボールを2人で交代に打つ競技です。デービッドがバンカーやラフに入れるたびに、「ぼくはラフやバンカーから打つのは嫌いなんだ」と言い続けたそうです。「Keep it up the middle!（ボールをフェアウェイの真ん中に保て）」とはっきり言われるよりよほど堪えたのだそうです。

リンクスでどうやって低い球筋を打つのかを教えてもらうだけのつもりでした。しかしデービッドは、2時間近くもかけて、50年にわたる自分のゴルフ人生のなかでつかんだスイングの奥義を惜しげもなく披瀝してくれたのです。

デービッドとは手紙やクリスマスカードを交わすようになり、ガランに行く度に一緒にプレーしたり、夕食に招いたりして親交が深まりました。デービッドとモーリンは、夏になるとガランに戻ってくるぼくたちを待っていてくれます。今やぼくたちにとってガランは第２の故郷です。たとえ生まれた場所でなくても、喜びや悲しみを分かち合う仲間や待ってくれている友がいれば、そこは故郷なのです。

達人シングルが語る
ゴルフ上達の奥義

7番ホール

上村隆哉さん

ディアーパークCC（奈良県）所属、48歳、ハンディ3、
クラブ選手権優勝（2回）

かみむら・たかや
1960年奈良県生まれ、身長158cm、体重56kg、三洋電機株式会社勤務、ベストハンディ3、ベストスコア69

コースはプレーするだけでなく、貴重な練習の場所と考える

クラブ選手権を連覇

上村隆哉さんは、2006年、奈良県にあるディアーパークGCのクラブ選手権で念願の優勝を飾り、クラブチャンピオンになりました。決勝戦では、ハンディ0で飛ばし屋のYさんと対戦し、27ホールを終わった時点で2ダウン。絶体絶命のピンチです。しかし、そこから残り9ホールで連続してパーを取り、逆転優勝したのです。この年、キャプテン杯でも優勝しています。さらに、2007年にもクラブ選手権で優勝し2連覇です。

上村さんのヘッドスピードは42m/s前後、ドライバーの飛距離は240ヤードぐらいです。飛ばし屋のYさんに、ドライバーショットで30～40ヤードは置いていかれます。ディアーパークGCの3番ホールは、グリーンへ向って上っていて、フルバックから443ヤードもある難コースです。ここで上村さんが第2打で4番ウッドを使うのに対し、Yさんは7番アイアンなのです。

これを聞いて、同じように飛距離が出ないぼくは、「そんな飛ばし屋に置いていかれると心安らかでないでしょう。どうやって対抗するのですか」と尋ねました。「しゃーないでしょう」との答です。圧倒的な飛距離の差を悔しがってもどうにもなるものでもありません。上村さんの生命線はアプローチとパット、そしてフェアウェイウッドです。得意技を磨けば、ロングヒッターにも対抗できるのです。

上村さんは、決して身体能力に恵まれているわけではありません。若い頃から何かの球技を熱心にやってきたわけでもないのです。中学と高校では山岳部に所属し、重い荷物を担いで山を歩き回っていました。大学でも特にスポーツはしていません。しかも、三洋電機株式会社のデジタルカメラを設計する部門の担当部長として、深夜帰宅が続く多忙な毎日を送っています。そんな上村さんが、一体どうやってクラブ選手権を連覇するほどに上達できたのか、知りたい思いは募るばかりです。しかし、「特別なことはしていない」と上村さんは言います。それでも何か努力したでしょうと迫ると、やっと重い口を開いてもらえました。

ハンディ3になれるとは夢にも思わなかった

上村さんは、22歳でゴルフクラブを初めて握り、3回打ち放し練習場に行っただけで、父親に連れられてコースへ出ました。初ラウンドのスコアは135。3回目のラウンドで早くも100を切って95で回ったのです。

父親はハンディ27の普通のゴルファーでした。ゴルフを始めた当初こそ、グリップなどの基本を父親から教わりましたが、その後は誰にも師事したことがなく自己流です。

1年後に、父親と同じディアーパークGCに入会し、すぐにもらったハンディは29。入会してからは、年間40~50回ぐらいラウンドするようになりました。それからの上達は目覚しいものです。4年目にハンディ16、6年目に11になります。この頃から、気の合う上級者と定期的にラウンドするようになり、切磋琢磨する環境が整いました。7年目にハンディ10になり、8年目にはシングルの壁を破って9に、その後、数年のうちに6になり、それから毎年1つずつハンディを縮め、16年目に3になりました。その間に、キャプテン杯で3回、理事長杯でも1回優勝しています。

ディアーパークGCに入会後しばらくして、所属プロが上村さんのスイングを見て、「ハンディ18がいいところだ」と言ったそうです。そのため、片手シングルにはなりたいとは思っていましたが、まさか3になれるとは夢にも思わなかったのです。

シングルの壁を破った後、そこからさらにハンディを縮めるのは難しいものです。いわんや片手シングルになってから、さらにハンディを縮めて行くのはとてつもなく難しいことです。

ホームコースを基地にする

多忙な毎日を過ごしている上村さんは、この10年間、年に数回ぐらいしか打ち放し練習場へ行っていません。その代わり、平日には自宅の駐車場で、主としてドライバーの素振りをするようにしています。この時、自分の理想のスイングを意識して、次のことに注意を払っています。

・肩を水平に回す
・バックスイングで右膝が流れないようにする
・トップの位置で左肘が折れないようにする
・ダウンスイングで右肘が右脇腹に付くようにする
・インパクトで体を開かない

・インサイドインを意識する
・振り切ってフォローをきっちり取る

上村さんは、週末にコースへ行く日を〝ゴルフデイ〟と考えています。ディアーパークGCには、短い打ち放し練習場と、バンカーとアプローチの練習場があります。スタートの2時間前にクラブに到着して、フルショット、アプローチ、バンカーショット、パットの練習をみっちりやるのだそうです。さらに、日が長い夏の間は、ラウンドが終わってから1時間ほど練習します。

平日は仕事に全力を傾け、夜遅く帰宅してから素振りでスイングの感触を忘れないようにしておき、週末にコースを徹底的に活用しているのです。

上村さんのゴルフの流儀は、ゴルフ発祥の地を思わせるものです。ゴルフの故郷では、ゴルファーは自分が住んでいる街や村にあるクラブに所属し、コースを基地にしています。毎日のように仕事が終った後でホームコースを訪れて、パットやアプローチ練習をしたり、たとえ数ホールでも練習ラウンドをしたりしています。

上村さんには、昔から欠かさないことがあります。ラウンドの後、その日のすべてのショットを振り返って、ミスショットの原因を究明するのです。「あのホールの第

2打は別のクラブで打つべきだった」「あの攻めには無理があった」「あの風であればもう一番手上げるべきだった」というように反省して、同じ間違いを繰り返さないようにしているのです。

「ラウンド後の練習に特に大きな意味がある」と上村さんは言います。その日のラウンドで悪かったところを、忘れないうちに反省できるからです。その日、調子の悪かったクラブを重点的に練習し、印象に残ったミスショットの原因を究明して、納得してから帰宅するのです。ラウンドの後は体がほぐれていて、しかも靴や服装はゴルフをする状態なので着替える必要がありません。

上村さんのこの話を聞いて、2004年11月、滋賀県の瀬田GCで開かれたミズノクラシックを観戦に行った時のことを思い出したのです。試合が終わった後で練習場に行くと、不動裕理選手がひとり熱心に練習していました。清元登子さんが後に立って注意を与えています。不動裕理選手の強さの秘密を垣間見た気がしました。ラウンドが終わるとすぐに街に繰り出す女子プロも多いのです。そんな、ちやほやされて遊んでいる女子プロはすぐにツアーから姿を消すのだそうです。

3m以内のパットが好き

上村さんは、3m以内のパットが好きなのだそうです。真っ直ぐのラインだったら入る感じがするのです。普通は、「入れごろ、はずしごろ」と言って、2~3mのパットは嫌なものです。入る感じがすれば、誰だって短いパットが好きになるかもしれません。

短いパットが得意になる方法を尋ねると、「真っ直ぐのラインをしっかり練習することだ」とのことです。ぼくの予想に反する答でした。パット上達のためには様々な難しいラインを練習する必要があると思っていたからです。

曲がるラインでは、曲がりの頂点を決め、その頂点へ向かって打ち出します。上村さんは、誰もが「自分で読んだラインを心から信じ切ってはいない」と言うのです。「もっと曲がるかな、そこまでは曲がらないかな」という迷いが残っているのです。少しでも迷いがあると、手をこねて、押し出したり引っ掛けたりするのです。真っ直ぐのラインをひたすら練習するのは、「手をこねない練習」です。真っ直ぐ打つことさえできれば、多くの曲がるラインも入るのだそうです。

上村さんは、真っ直ぐ打てたのに、曲がりの読みが間違って入らなかった時は、諦めがつくと言います。しかし、手をこねて入らなかった時は、ミスをした自分に腹が立ち後を引きます。その後も手をこねるのではないかと気になり、ミスが続くのです。

これはぼくも時々経験していることです。出だしのホールで、短いパットをはずすと、そのショックは後を引き、立ち直るのに苦労します。立ち直れないままラウンドが終わることさえあります。

ぼくは毎日、自宅のマット上で、ひたすら2mの真っ直ぐのラインを練習していま す。かつて電動で傾斜を調節できる練習マットがあると知り、購入を考えたことがありました。スライスラインとフックラインを練習できるマットです。しかし、かなり高価で場所をとるので、結局購入を断念しました。この練習マットを購入していれば、手をこねる練習をするところでした。

コースに出ると様々なラインがあり、もちろん方向だけでなくタッチが合わないとカップインしません。しかし、グリーンの速さはコースによって大きく変化します。タッチを考慮して曲がり具合を読む能力は、様々な速さのグリーンでの実戦を通して磨くものです。上村さんは、経験を積んだベテランと経験の浅いプレーヤーの一番大きな違いは、グリーンを読む力だと言います。若い時から数多くのラウンドをこなしてきた上村さんならではの話です。

現在48歳の上村さんは、すでに自分の第二の人生を視野に置いています。50歳になった時に、将来を見定めて、仕事一途の人生を続けるのか、それとも生活の重心を少しずつゴルフに移すのか決めたいと思っています。もっとゴルフの練習をして技を磨き、筋トレをして飛距離を伸ばせば、さらに飛躍できるはずです。

さらにその先には、ハワイのゴルフコースに隣接する家に住んで、気が向いた時に奥様とゴルフをするという年来の夢があります。ゴルフは夢を与えてくれるのです。

Column コラム

尋常ではない努力

毎年10月、全国のゴルフクラブで、一斉にクラブ選手権が開催されます。クラブに所属する上級者が、ナンバーワンの名誉をかけて、しのぎを削る競技会です。このクラブ選手権の優勝者がクラブチャンピオンであり、尊敬の念を込めて〝クラチャン〟と呼ばれます。どこへ行っても、クラブハウスの壁には、歴代のクラブチャンピオンの名前を刻んだボードが掲げられていますす。ここに名前を刻むのが上級者たちの夢なのです。

クラブ選手権の手順を、ぼくのホームコースを例に取って説明しましょう。まず、ストロークプレーで27ホールの予選があり、上位16人が選抜されます。天候にもよりますが、フルバックから回り、27ホールのグロスのスコアが126〜127、9ホール平均で42〜43ぐらいがカットラインです。予選会の首位はメダリストと呼ばれます。

予選を通過した16人には、バックルにクラブの紋章が付いた黒革のベルトが与えられます。普段のプレーで、このベルトをするのが晴れがましいのです。

予選の次の日曜日に、いずれも18ホールの1回戦と2回戦が行われます。1回戦からはマッチプレーの勝ち抜き戦です。1回戦では、1位と16位、2位と15位、3位と14位というように上位と下位が組み合わされて、8組のマッチプレーが行われます。プロの試合のようにプレーヤー1人ひとりにキャディが付き、一般のプレーヤーを追い越しながら進んで行きます。ティグラウンドの傍らで待っている一般プレーヤーから、「勉強させてもらおう」などという声が聞こえます。

さらに、第3週の日曜日に、3回戦、すなわち27ホールの準決勝が行なわれます。さらに第4週には、昼食を挟んで各18ホール、計36ホールの決勝戦が行なわれます。1カ月にわたる長く厳しい戦いを勝ち抜くためには、安定した技術だけでなく、精神力と体力も必要です。マッチプレーなので駆け引きがあり、強い精神力が不可欠なのです。クラブ選手権ではまさに「心・技・

体」が試されるのです。

クラブチャンピオンになるには、99ホールのマッチプレーを勝ち続けなくてはなりません。誰しも調子の波があります。1カ月にわたって好調を維持するのは難しいことです。多少調子が悪くなることは避けられません。絶好調でなくても負けない実力が必要なのです。クラブチャンピオンは真の実力者です。

クラブチャンピオンたちは、人知れず愚直に努力しています。また、すこぶるつきで研究熱心です。尋常な努力ではクラブチャンピオンにはなれないのです。

クラブチャンピオンたちの練習法や上達法は、レッスン本に書いてあるような一般論ではありません。不断の努力のなかで編み出した独自の方法論です。その方法論の正しさは、クラブチャンピオンになったことで実証済みなのです。

クラブチャンピオンになるには、努力と工夫だけではなく、ナンバーワンになるのだという強い決意と執念があるような気がします。クラブチャンピオンたちが余すことなく語ってくれた上達の極意に耳を傾けてください。

達人シングルが語る
ゴルフ上達の奥義

8 番ホール

竹内英雄さん

新大阪GC（大阪府）所属、59歳、ハンディ1、
2007関西シニア選手権決勝出場、クラブ選手権優勝（3回）

たけうち・ひでお
1949年愛媛県生まれ、身長177cm、体重65kg、理学電機工業株式会社勤務、ベストハンディ1、ベストスコア65（新大阪GCコースレコード）

ラウンドの「感想戦」を行う。反省は進歩なり

年間36ラウンドでハンディ1に

竹内英雄さんは、大阪府高槻市に本社を置く工業用の分析装置メーカー、理学電機工業株式会社に勤務する技術者です。時間的にも経済的にも制約があるサラリーマンでありながら、大阪府北部にある新大阪GCのクラブ選手権で3度も優勝した達人です。

竹内さんが行きつけにしている打ち放し練習場で初めてお会いし、練習の様子をしばらく見学しました。4番アイアンで放った打球が、矢のように真っ直ぐ飛び、軽くドローしてネットに掛けてある190ヤードの的に突き刺さります。打球の強さに驚嘆！ 4番アイアンが一番好きで、一番よく練習するクラブだそうです。少し話を伺うと、練習は週に2回、ラウンドは年間36回に満たないそうです。多忙なサラリーマンの竹内さんが、どうやってハンディ1の達人になることができたのか知りたい思いが募ります。しかし、この日は互いに時間がなく、改めてお会いすることになりました。

2度目にお会いしたのも打ち放し練習場です。竹内さんは、25歳の時、10歳年上の兄に連れられて河川敷のゴルフコースへ行きました。一緒について回っているうちに、「ちょっと打ってみてはどうか」と言われ、何度か試し打ちをして、「これは面白いな!」と思ったのがゴルフに関心をもったきっかけです。

それから2年ほどして、ハーフセットのクラブを購入し、会社の近くの打ち放し練習場に行くようになりました。その練習場で、たまたま知り合ったハンディ1の達人に基礎を教わりました。後にも先にも、ゴルフを教わったのはこの時だけです。

29歳の時、会社の先輩に連れられて、兵庫県にあるパブリックコース、北神戸ゴルフ場に通うようになりました。やがて月例杯などの競技会に出場するようになり、32歳で初めてもらったハンディは14です。それから毎年のようにハンディを縮め、3年後にハンディは9になりました。

36歳の時、新大阪GCに入会して、初めてもらったハンディは12、2カ月後に11になりました。入会して5カ月後、キャプテン杯の予選に出場して、グロス72、ネット61、11アンダーという、ぶっちぎりのスコアで1位になり、さらに1週間後の決勝で優勝してしまったのです。その結果、ハンディは9になり、正式にシングル入りをしました。パブリックコースで培った実力は本物だったのです。

その後も、3カ月ごとにハンディを1つずつ縮め、38歳でハンディは5になりました。ハンディ9から片手シングルになるまで、2年間しか掛かっていないスピード出世です。この頃は怖いものなしの勢いがありました。守って安全にプレーするという考えはありません。ピンがどこに立っていようと、真っ直ぐピンを狙う攻撃的なゴルフをしていました。

片手シングルになったあとも快進撃は続きます。41歳でハンディは2になり、この年、初めてクラブ選手権で優勝しました。ハンディはその後、ずっと2が続きます。12年後の2002年、53歳で再びクラブ選手権で優勝し、ハンディは1になりました。この年、クラブ選手権だけでなく、キャプテン杯と理事長杯でも優勝し、三大競技を独占したのです。2002年は栄光の年になりました。2年後の2004年、3回目のクラブ選手権優勝を飾っています。

さらに、2007年6月、新大阪GCで開催された関西シニアゴルフ競技の予選に出場して4位タイの成績で通過し、西宮CCで開かれた決勝競技に進みました。

ラウンド後に1打1打を反省

練習量もラウンドも少ない竹内さんがハンディ1になれたのは、練習でもラウンドでも真剣勝負をしているからです。1球たりとも無駄球は打っていません。スコアを競う真剣なゴルフをするだけで、〝わいわいゴルフ〟は滅多にしません。「〝わいわいゴルフ〟は楽しいかもしれないが上達の役には立たない」と竹内さんは言います。竹内さんにとってゴルフは純粋なスポーツです。昼食時にアルコールを飲むことは考えられません。

ラウンドした日の夜は、布団に入ってから、18ホールのすべてのショットを振り返ります。1打ごとの感覚が蘇ってきます。上手く行ったショットは余韻を楽しみます。問題はミスショットです。ミスショットの原因を究明して反省するのです。頭の中で18ホールを回り終えないうちに眠りに落ちることもあれば、悔しくてなかなか眠れないこともあります。

朝起きても、前の日に失敗したショットのことが頭を離れません。どうすれば同じ失敗を繰り返さないで済むかを考えるのです。こうしているとミスショットが徐々に減ってきます。

この話を聞いて、将棋や囲碁などにおいて、対局の直後に、開始から終局までを再現して、対局中の着手の善悪や最善手などを検討する〝感想戦〟のことを思い出しました。タイトル戦になると2時間もかけて感想戦を行います。強くなるために感想戦は欠かせないのです。反省を次に生かすことが上達につながるからです。竹内さんは、まさにゴルフの感想戦を1人で行っているのです。

ここで、ホームコースで先日ラウンドした時の、悔いが残る1打のことを思い出したのです。569ヤードの16番パー5で、ティショット、第2打ともによい当たりで、ピンまで100ヤードの第3打が残りました。ところが不運なことに、ボールは急傾斜の途中で止まっていて、左足下がり、前下がりの難しいライです。グリーンは左から右へ傾斜しているので、左へ乗せるのは禁物です。かといって右へはずすと深いバンカーがあり、その右はOBです。

このライでは、ボールが右へ出やすいことはわかっていました。しかし、「なんとかなるだろう」と安易な気持ちでピンを狙って打つと、ボールは案の定スライスして、グリーンの右端へ落ち、跳ねてバンカーへ転がり込みました。さらに、次のバンカーショットを打ち過ぎてグリーンの反対側へはずしてしまったのです。速い下りのアプローチが寄らず、結局、このホールをダブルボギーとしてしまいました。

ぼくの話を聞いた竹内さんは、「そんな難しいライから下半身を使うとミスが出やすい、手打ちでよかった」と言います。「ピンをデッドに狙うのは無謀だった。『グリーンに乗ればよい』と考えて、危険を避けてプレーする必要があった」と続きます。「こんなよいショットをしたのだからパーは当たり前、あわよくばバーディを狙おう」と思うのは禁物なのです。緊張して体が固くなり、ミスをしやすいのです。「ボギーでもよいと考える必要があった」と竹内さんは言います。ボギーでもよいと頭を切り替えると、気持ちが楽になり、たとえ失敗しても心を穏やかに保つことができるのです。「ミスをしても尾を引かないようにして、18ホールの長丁場を終えるまで、集中力を切らさないようにすることが肝心だ」と竹内さんは言うのです。

さらに続けて、「1打1打に惚れ込まないことが大事だ」と竹内さんは言います。ティショットに続けて、第2打でナイスショットをした後では、「よし!」という気持ちになりやすいのです。厳しい状況を見極める冷静さが必要です。ナイスショットの後でライが悪い時は、どうしても不運を嘆く気持ちが湧いてきます。ゆっくりと素振りをして気持ちを静めて、ショットに専念するのです。この日は竹内さんに助けてもらって反省ができました。この反省を、いつも自分ひとりで実行する必要があるのです。

ぼくが、「せっかくよいスコアで回っていても、途中で調子を崩すことが多い」と愚痴ると、「加齢とともに体が固くなり、ラウンドの途中で調子を崩しやすくなる」と竹内さんは言います。18ホールにわたって好調を持続するための、ちょっとしたコツを教えてもらいました。

まず、茶店に立ち寄らないことです。立ち寄っても椅子には座らないほうがよいのだそうです。休憩すると次のショットが難しくなるからです。茶店のあとには難しいホールが待っていることも多いのです。前のホールが詰まっていて待たされる時も問題です。素振りなどをして体を休ませないようにするのが肝心なのです。あまり馬鹿話をするのも、調子を維持する観点からはよくないのだそうです。

一球入魂の練習

竹内さんがゴルフに使える原資は限られています。週に2回、それぞれ150球を打つだけです。ポンポン打って、体をほぐして終るのではもったいないのです。「いったい今日は何を練習しにきたのだ」と苦い思いを噛みしめながら帰るわけにはいかないのです。

なんと言っても一番意味があり有効なのは、前回のラウンドで失敗したショットを反省する練習です。人間は誰しも反省が得意ではありません。しかし、反省をしないと進歩はないのです。

竹内さんは、ホームコースの360ヤードの3番パー4を苦手にしています。左ドッグレッグの打ち下ろしで、フェアウェイが狭いのでドライバーを使うのは無謀です。ユーティリティで打つと、第2打は残り150ヤード。砲台グリーンの左はすぐOBゾーンで、右は崖になっています。引っ掛けるとダブルボギーでは済まなくなります。かといって右へ逃げると、難しい砲台グリーンへのアプローチが残ります。

ここで引っ掛けて失敗したときは、打ち放し練習場へ行って、3番ホールのグリーンをイメージして、7番アイアンを手に、みっちりと引っ掛けない練習をするのです。問題はテイクバックです。手打ちになって肩の入りが浅くならないように、また右膝が流れないように注意します。

そして、次のラウンドの3番ホールで、練習の成果を試すのです。成果が出て、よいショットができた時の嬉しさは格別です。プレッシャーをかけて練習するのが一番なのです。プレッシャーの下で結果を出すのが喜びなのです。

竹内さんは、1球ごとにセットアップを確認します。セットアップで、弾道の50%が決まるほど重要なのだそうです。しかし、打ち放し練習場でセットアップを練習している人を見かけることはありません。

両手でクラブを握ってスタンスをとると、両肩が左を向きやすいのだそうです。竹内さんは、右手1本でクラブを握り、右足からスタンスに入り、まず右肩を固めます。そう聞いて、飯島茜プロを思い出しました。飯島プロは、右手1本でスタンスをとった後、左手で右肩を押さえます。

竹内さんは、4番アイアンを〝基本クラブ〟にしています。2年前に3番アイアンを抜くまでは、3番アイアンが基本クラブでした。基本クラブとは、一番よく練習するクラブのことです。「スイングをつくるために使っているクラブ」と言ってもよいかもしれません。竹内さんの4番アイアンのフェースを見ると、スイートスポットのところが鈍く光っていて、よく使われていることが一目でわかります。竹内さんは、練習でいつも打っている150球のうち、3分の1の50球を4番アイアンに充てています。

「基本クラブとしては、9番アイアンのようにやさしいクラブのほうがよいのではないか」と尋ねると、「9番アイアンでは曲がっても知れている」とのことです。「長いクラブのほうが、悪さ加減が出る」と続きます。長いクラブは小手先でのごまかしが効かないので、スイングやインパクトの悪いところが、弾道にはっきり出るのです。自分のスイングの欠点をクラブが教えてくれるのです。

肩に無駄な力が入っていると、4番アイアンは打てません。ヘッドが走らず、また、引っ掛けたり押し出したりします。「へとへとに疲れると、やっと打てるようになる」と竹内さんは言います。力まないでしっかり打つ練習には、4番アイアンが最適なのです。竹内さんの4番アイアンのスイングを観察すると、下半身が実にしっかりして、上半身にはゆとりを感じます。その結果、完璧に振り切って見事なフィニッシュをとっています。

竹内さんは、「両手のバランスで弾道が決まる」と言います。利き腕の右手は無意識のうちに使います。その強い右手に負けないように、左手をしっかりさせる必要があるのです。そのため、竹内さんは、左手の小指と薬指、中指の3本でクラブをしっかり握って、左手主導でスイングをしています。左手の感覚が強すぎるとボールは右へ出ます。そこで右手をもう少し使ってみるのです。こうして一球毎に両手のバランスを常にチェックしています。

練習場で18ホールを模擬ラウンド

竹内さんは、時間的にも経済的にもラウンド数が限られています。そのため、コースへ行けない時は、打ち放し練習場で、ホームコースを想定して模擬ラウンドをします。月に3回コースでラウンドし、月に1回打ち放し練習場で模擬ラウンドをしています。

模擬ラウンドを実演してもらいました。いざ1番ホールへ。

新大阪GCの370ヤードの1番パー4のフェアウェイは2股に分かれ、分かれ目の林がフェアウェイに突き出しています。竹内さんはドライバーで270ヤード近く飛ばします。ドライバーでは分かれ目の林に突っ込んでしまう危険があるので、ティ

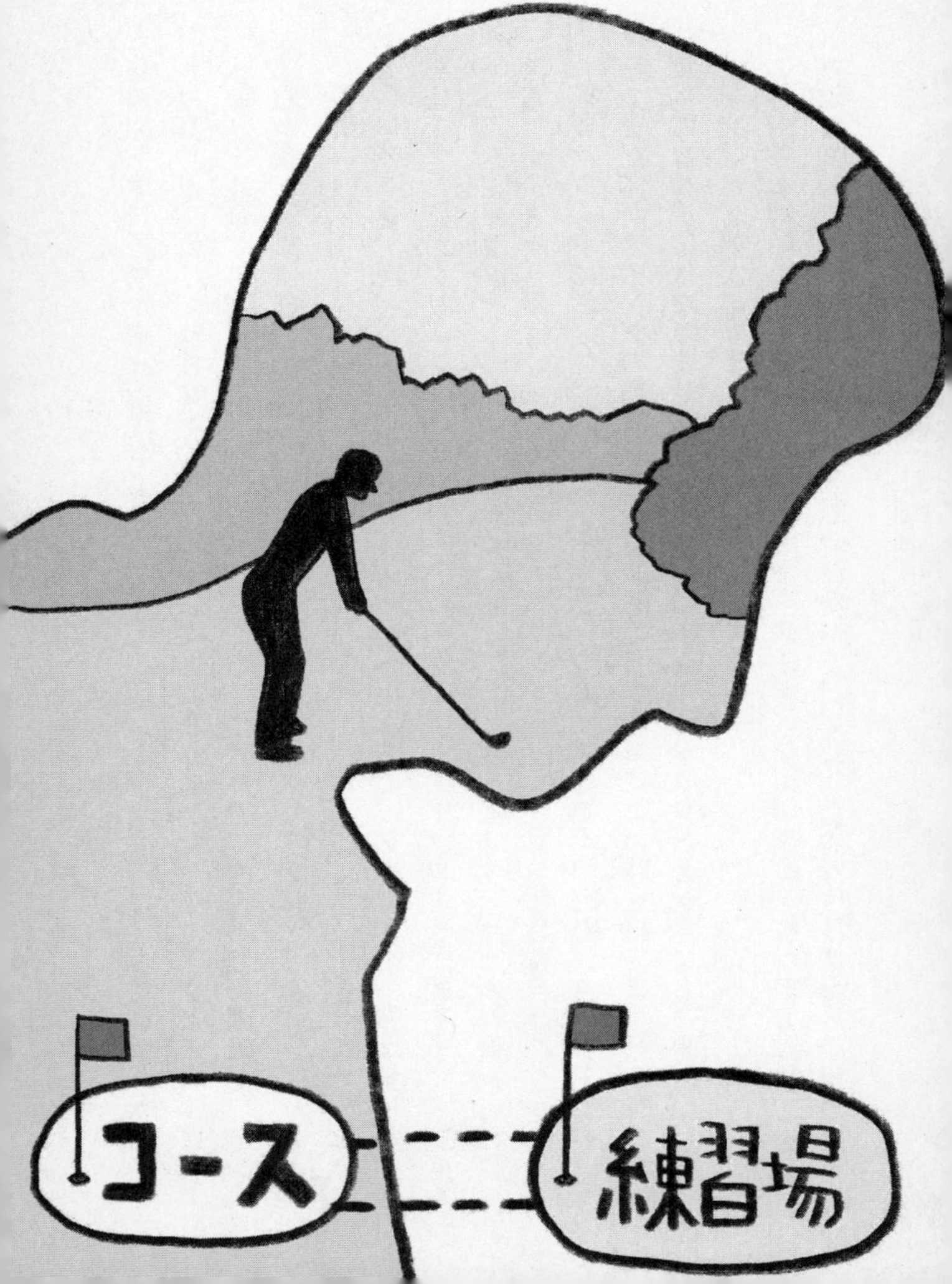
コース
練習場

ショットは3番ウッド。練習場の支柱2本をフェアウェイの幅に見立てて打つと、ボールは真っ直ぐ出て、支柱2本のど真ん中に突き刺さりました。フェアウェイキープ!

残り140ヤードの第2打は少し下り。9番アイアンで、練習場の右側のグリーンに立つ旗を目標に打つと、旗の少し右へ落ちました。グリーンにナイスオン!

次は、140ヤードの2番パー3。練習場の140ヤードのグリーンを目標にして、8番アイアンでティショットすると、少し右へ出たので、グリーンを少しはずしたと考えます。砲台グリーンなので、打ち上げの20ヤードのアプローチが残ります。56度のSWで目の前のピンフラッグに向かってアプローチをします。ボールはピンそばに落ち、ナイスパー!

模擬ラウンドにおいて、次々とボールを打つのは禁物です。次のショットをすぐに打つと、体がスイングの動きを覚えているので、簡単によい球を打てます。これでは実戦的な練習にはなりません。実戦と同じように、ショットとショットの間に少し時間を空ける必要があります。

竹内さんは、1打ごとにプレショット・ルーティン(ボールを打つ前の動作)を繰り返しています。ホールの情景を思い浮かべて、バンカーや池、OBゾーンなどの打ってはいけないところを確認したうえで、練習場内のピンフラッグなどの目標を設定します。そして、軽く素振りをして、右手一本でクラブを持ち、右足から入ってスタンスをとります。

こうやってプレショット・ルーティンを繰り返しながら18ホールを模擬ラウンドすると、40分近く掛かります。打つボールは僅か40球ぐらいに過ぎませんが、なんとなく打つ200球より遥かによい結果に結びつくと竹内さんは言うのです。

竹内さんは、1年後には定年退職して嘱託として勤務することになります。ゴルフに割ける原資は減ることでしょう。しかし、原資が減ってもゴルフの腕は維持できると思っています。少ない原資の制約の中でどんな工夫ができるのか楽しみでもあるのです。

定年退職してからが本当の勝負です。いろいろな工夫をする心積りです。素振りが大事だとわかっています。今も毎朝10分ほどの素振りをしています。素振りの頻度と回数を増やすのも一つの方法です。打ち放し練習場で1本のクラブに限定して集中練習するのも有効かもしれません。

ぼくのホームコースの片手シングルの達人たちは、ほとんど一国一城の主であり、年間ラウンド数は150回を越えます。それを竹内さんに伝えると、「毎日のようにゴルフをしている人たちに負けたくないと思って頑張ってきた」とのことです。お金も時間もたっぷりとある人たちに上手くしてもらったと思っているのです。

竹内さんの将来の目標は、まず、クラブチャンピオンに4回以上なることです。新大阪GCには、クラブ選手権で3回優勝した会員が現在5人います。しかし、4回以上優勝した現役の会員はいません。竹内さんは4回以上の優勝を期しています。また、理事長杯においてグロス65で回ったことがあり、これは今も破られていない新大阪GCのコースレコードです。このコースレコードを自ら更新したいと考えています。ぼくが、アマチュアでは難しい60代でのエージシュートを是非達成してほしいと持ち掛けました。挑戦してみようとの答です。この夢もきっと叶うことでしょう。

達人シングルが語る
ゴルフ上達の奥義

9 番ホール

足立和久さん

三田GC(兵庫県)所属、70歳、ハンディ5、
関西シニア選手権決勝進出(3回)、クラブ選手権優勝(5回)

あだち・かずひさ
1938年大阪府生まれ、身長168cm、体重65kg、アンダーソンテクノロジー株式会社勤務、ベストハンディ4、ベストスコア69

1週間に1000球打てば
片手シングルになれる!

憧れからゴルフを始めた

足立和久さんは、忙しいサラリーマンを続けながら、しかもヘッドスピードは40m/sぐらいで、ドライバーの飛距離は200ヤード強に過ぎないのに、仙台GC、比良GC、三田GCにおいて、5回にわたってクラブ選手権を制覇しています。三田GCにおいては、シニア選手権にも3回優勝し、それ以外にも、理事長杯やキャプテン杯において何度も優勝しています。足立さんは筋金入りのクラブチャンピオンなのです。

足立さんは、大阪府茨木市で育ち中学校で杉原輝雄プロと同級生でした。小学生の頃、茨木CCの近くの山林へよく遊びに行くことがあり、茨木CCでゴルフをする人々を遠くから眺めて、「いつかはゴルフをしたい」と憧れたそうです。

1956年、足立さんは橋梁・鉄構メーカー、高田機工株式会社に入社します。26歳の時、転勤先の東京でゴルフを始めました。第1次ゴルフブーム直後のことです。小学生の頃からの憧れを実現したいと思ったのです。最初に購入したのは、パーシモンヘッドにスチールシャフトが付いたドライバー1本だけです。このドライバーで、庭でスポンジボールを打って遊んでいました。

1年後に、業界の付き合いゴルフで、いきなり程ヶ谷CCに連れて行かれ、上司が貸してくれた7本のアイアンで27ホールを回りました。スコアは9ホールごとに、66、66、72です。仕事の付き合いで程ヶ谷CCや東京GCに行き、自分でプレーする時は多摩川や荒川の河川敷にあるパブリックコースへ行くようになりました。

29歳で大阪へ転勤した直後に、大阪府の南部にある岬CCに入会しました。翌年、初めてもらったハンディは29。入会後はめきめきと腕を上げ、3年後、33歳でハンディ9になりシングル入りしました。この頃の年間ラウンド数は60～70回です。翌年、理事長杯で優勝してハンディは8になり、さらに翌年、キャプテン杯に優勝して7になりました。

40歳の時、仙台に転勤となり、すぐに仙台CCに入会して、翌年、ハンディ6になります。43歳でハンディ5になり、翌年、理事長杯で優勝、さらに念願のクラブ選手権でも優勝して、ハンディは4になりました。46歳の時、仙台CCで2度目のクラブチャンピオンになっています。この頃の年間ラウンド数は90～100回でした。

1998年、60歳で定年退職して、PC橋梁部材メーカー、アンダーソンテクノロジー株式会社に移籍したのを機に、自宅から電車で通える三田GCに入会しました。

翌年、早くも三田GCのクラブ選手権で優勝しています。2002年にも64歳で2度目の優勝を飾っています。この年、滋賀県にある比良CCにも入会し、翌年、65歳でクラブチャンピオンになっています。同時に開催されたシニア選手権の62歳の優勝者が、表彰式において、「本物のクラブチャンピオンが3歳も年上だ」と言って恐縮したのだそうです。

まだゴルフをする人が少なかった1964年から43年間にわたる、足立さんの年間平均スコア、ハンディの変遷、ゴルフ費用の記録を見せてもらいました。総ラウンド数2515回、年平均59回のラウンドです。43歳でハンディ5になって以来、年間平均スコアは80前後を保っています。また、昨年、練習やラウンド、遠征、ゴルフクラブの購入など、ゴルフにかけた年間費用は約200万円です。贅沢を一切しないで倹約し、小遣いのすべてをゴルフに注いでいます。ゴルフを心から愛しているからこそできることです。

語り草の逆転勝利

三田GCで、足立さんと一緒にラウンドする機会がありました。足立さんの正確なショットに驚嘆! ドライバーショットを常にフェアウェイのど真ん中に運び、ピンに真っ直ぐ向かう第2打を打ちます。パー5での80ヤードぐらいのアプローチは、必ずピンに絡むのです。「ゴルフで大切なのは飛距離ではなく正確さだ」ということを身をもって教えてくれたのです。

2002年のクラブ選手権の決勝で、足立さんのキャディを務めたMさんが、この日たまたま、ぼくたちに付いてくれました。Mさんの話では、足立さんの対戦相手は30代の若手のOさんです。Oさんは、ドライバーで足立さんより50ヤードも飛ばします。足立さんは、14番ホールを終えて4ダウン、ドーミーとなり絶体絶命です。

しかし、ここから足立さんの反撃が始まり、15〜18番の4ホールを続けて取り、サドンデスのプレーオフに突入しました。そして、1番パー4で、足立さんが14mの長いバーディパットを決めて、Oさんを下したのです。クラブ会員の間で、今も語り草になっている劇的な勝利でした。

インタークラブ競技と呼ばれる、関西ゴルフ連盟が1932年に創設した伝統ある団体競技があります。今では全国8つの地区ゴルフ連盟でも実施されている、ゴルフクラブの王座決定戦です。各ゴルフクラブから、年齢制限のない3名と55歳以上の3名、計6名の選手が選ばれて出場し、上位5人の合計ストロークで順位を決定します。

各クラブを代表して、インタークラブ競技に出場するのは栄誉です。ぼくのホームコースでは3大競技の成績に基づいてまず8人を選び、さらに予選会を開いて6人に絞ります。選ばれた6人にはブレザーが支給され、選手は猛練習をして競技会に備えます。

足立さんは仙台CCにおいて、10年間にわたってインタークラブ競技の代表選手でした。その後、三田GCのインタークラブ選手権の代表選手にも8年続けて選出されています。

継続は力

足立さんは自分の体験から、「毎日1000球打てばプロになれる」「1週間に1000球打てば片手シングルになれる」と言います。

毎朝4時に起床し、自宅近くにある打ち放し練習場に5時に到着します。30分ほど準備体操をして、5時半から約1時間練習します。この早朝練習を、月に20回ぐらい、20年間にわたって続けているのです。1回に打つのは約100球で、月に2000球ほど練習しています。早起きするため、毎日、午後9時には就寝します。

足立さんは、自分の経験から、「練習してせっかく何かをつかんでも3日経つと忘れてしまう」と言います。「一度に1000球打つと、その時はたくさん進歩するかもしれないが、3日も練習しなければ、折角つかんだ上達のコツを忘れてしまう」「間隔を空けてまとめ打ちするのは練習効果が低い」と続きます。

「毎日100球打つと、そのときは少ししか進歩しないが、毎日積み上げていくので、長い目で見れば進歩が早い」のだそうです。毎日100球打っているお蔭で、コースに出ると、何も考えなくても自然に体が動くのです。「時には自分がスイングロボットになった気がする」と教えてくれました。

まだまだ挑戦を続けたい

一般アマチュアに上達のコツを一つ助言してほしいと言うと、「練習あるのみ」「練

7月
月曜
7
7月
日曜
5
7月
5
7月

習していると自然にわかってくる」と言いながら、興味深い逸話を話してくれました。

三田GCに、Tさんというサラリーマンの若手がいます。ハンディ10のTさんは、ドライバーで足立さんより50ヤードは飛ばします。足立さんはクラブ選手権でTさんと対戦しても、軽くあしらっていました。ある時、Tさんが、「どうすれば足立さんに勝てますか」と尋ねてきました。そこで、「あなたより私のほうが練習しているからだ」と答えたのだそうです。

そして翌年のクラブ選手権の1回戦で、足立さんは、再びTさんと対戦することになります。そして、それまで一度も負けたことがないTさんに、足立さんは負けたのです。試合が終って、Tさんは、「練習しました！」と言いながら足立さんに感謝したそうです。

心を打つい話です。上手い人は、必ず隠れて練習していると足立さんは断言します。ライバルに勝つためには、ライバルより練習するしかないのです。

「もうそろそろゴルフ三昧でもよいのでは」と足立さんに問いかけてみました。すると、「ゴルフ三昧なんてとんでもない！」との答えです。「仕事があってこそゴルフが面白い」のだそうです。平日しっかり働き、みっちり練習をしていると、週末のラウンドが待ち遠しくてたまらないのです。仕事とゴルフを両立させ、仕事の合間にゴルフをしたいのです。

足立さんは、予選を通過できる限りは、クラブ選手権への挑戦を今後も続けるつもりです。70代のクラブチャンピオンの誕生が楽しみでなりません。

足立さんのもう一つの目標は、出場資格55歳以上の関西シニアゴルフ選手権への挑戦です。出場資格65歳以上の関西ミッドシニアゴルフ選手権ではなく、もちろん70歳以上の関西グランドシニアゴルフ選手権でもありません。自分よりずっと若い人を負かすのは、ゴルフならではの喜びなのです。

関西シニアゴルフ選手権の予選を通過した130人が決勝に進出します。足立さんは、これまで予選を3回通過しました。しかし、現役のサラリーマンとして、平日の2日を休んでゴルフをする気持ちになれないので、決勝への出場を辞退してきました。しかし、70歳を迎えて、2日間の休暇をとってゴルフをする贅沢も許されるかも知れないと考え、これからは決勝にも出場するつもりです。

足立さんの最後の目標は、エージシュートの達成です。これまで69の最少スコアを出したことがあります。公式競技での最少スコアは72です。70代の初めにエージシュートを達成することを目標にしています。

70歳になってからのクラブ選手権での優勝、関西シニアゴルフ選手権の決勝出場、そして、エージシュートという3つの目標を達成するため、最近、体力強化の取り組みを始めました。週に数回、昼休みに近くのジムに通っているのです。また、ラウンドでは昔から歩くようにしています。よほどのことがないと、今でも乗用カートに乗ることはありません。乗用カートに乗りたがる若い人を見ると、「若いのに何しに来ているのだ」と声をかけることがあるのだそうです。「歩いてこそゴルフだ」「歩くことが体の一番のトレーニングだ」という先輩からの暖かい忠告です。70歳になる足立さんからの忠告は、きっと身に沁みることでしょう。

達人シングルが語る
ゴルフ上達の奥義

10 番ホール

白井剛さん

船橋CC（千葉県）所属、67歳、ハンディ3、
1985年関東アマチュア選手権決勝出場、クラブ選手権優勝（9回）

しらい・つよし
1941年福島県生まれ、身長169cm、体重69kg、株式会社竹中工務店勤務、ベストハンディ1、ベストスコア66

スイングは格好ではない
変則スイングでも
自分を信じること

集中とタイミングが肝心

白井剛さんは、1965年に株式会社竹中工務店に入社して以来、43年間にわたって、一貫して営業を担当し、多忙な毎日を過ごしてきました。白井さんは住まいも勤務先も東京なので、仕事の上で接する機会はありませんでした。しかし、白井さんが、日本経済新聞社が主催する「全日本実業団対抗ゴルフ選手権大会」に、毎年、会社を代表して出場していることは、風の便りに聞いていました。その後、白井さんのことをよく知る社員から、「何度もクラブチャンピオンになったことがある凄い人だよ」と聞かされ、一度会いたいと願っていたのですが、なかなか機会が巡ってきません。

今回、この本を上梓するにあたって、ぼくがかつて勤務していた古巣のナンバーワンと目される白井さんを取材しようと決め、取材を願う電話を入れたのです。すると、ぼくの著書をすでに2冊読んでもらっていたことがわかりました。これは見込みがあるぞと取材を切り出すと、これまでマスコミの取材は断ってきたとのことです。それでも、可愛い後輩の頼みは断れなかったのでしょう。会ってもらえることになりました。

白井さんが初めてクラブを握ったのは、大学3年生の頃です。父親と兄の影響でゴルフを始めました。初めてコースへ出たのは、それから1年ぐらい経ってからです。この頃は、じっくり練習を積んでからでないと、コースへ連れて行ってもらえなかったのです。

大学時代の白井さんにとって、ゴルフは余技に過ぎませんでした。白井さんが専念していたのはライフル射撃です。東京オリンピックの候補選手として、強化合宿に参加するほどの腕前でした。

ライフル射撃の経験がゴルフの上達に役立ったのだそうです。的を狙うときの集中力は、射撃もゴルフも同じなのです。目標に集中して狙いを定めるパッティングは、まさに射撃と通じるのです。また、射撃とゴルフには、止まった状態から「自分でタイミングをつくる」という共通点があるのだそうです。

射撃には、寝撃ち、ひざ撃ち、立ち撃ちの3種類があります。銃は、寝撃ちでは上下に、ひざ撃ちでは左右に、立ち撃ちでは丸く揺れるのです。狙いを定めて、揺れの振幅を小さくして行って、ここぞというタイミングで、呼吸を止めて引き金を絞るのです。このタイミングを教えることは難しく、弾数を打って自分で会得するしかないそうです。

ゴルフにおいては、息を吸いながらテークバックして息を止め、一気に吐き出しながら切り返します。切り返しだけではなく、インパクトのタイミングも重要です。へその前の一番力が出るところでボールを打つと、飛距離が出るのです。

射撃においては、的に集中し、引き金を引くタイミングを意識せざるを得ません。そのため、誰でも集中とタイミングを訓練します。しかし、ゴルフにおいては、必ずしも集中やタイミングを意識する必要がないことが問題なのです。ゴルフにおいても、集中とタイミングは大変重要であり、意識して訓練する必要があると白井さんは言うのです。

入会して僅か1年でシングルに

白井さんは、27歳の時、千葉県にある船橋CCに入会し、初めてもらったハンディが16。それまでのゴルフは、家族との付き合いの域を越えていませんでした。しかし、クラブチャンピオンになったことがある兄から、無言の指導を受けていました。ライフル射撃の経験も役に立ち、入会して僅か1年でシングルになりました。シングルになってからも、とんとん拍子で腕を上げ、6年後にハンディは4になり、翌年には2になっています。それ以来、ハンディはずっと1~2を維持してきましたが、2003年に3になって現在に至っています。

1977年、33歳の時、クラブ選手権で初めての優勝を飾りました。その後も、39歳、44歳、48歳、61歳で優勝しています。30年にわたって5回の優勝を重ねてきたのです。61歳のクラブチャンピオンは、船橋CCで未だに破られていない最高齢記録です。

6年前には、縁あって神奈川県にある湘南CCに入会します。その年、さっそくクラブ選手権で優勝し、翌年、翌々年も優勝して3連覇しました。昨年も66歳で4回目の優勝です。

船橋CCには2人の強力なライバルがいました。2人とも一国一城の主で、船橋CCの顔というべき存在です。その一人、Nさんは、11回もクラブチャンピオンになっている猛者です。ハンディ2の白井さんとハンディ0のNさんでは格が違います。36ホールを戦えば実力が出るので、Nさんにはなかなか勝てないのです。Nさんのプレーは実に安定していてミスをしません。また、打球の勢いが違うのです。「ああいう球は自分には打てない」と諦めていました。キャディバッグを車に積んでおいて、暇さえあれば練習し、9ホールだけでも練習ラウンドをしているのですから、白井さんとは練習量の積み重ねが違うのです。

また、ライバルの2人は、関東アマチュア選手権などの大きな公式競技に出場して、試合度胸を磨いています。44歳の時、白井さんも一度だけ関東アマチュア選手権に出場して予選を突破していますが、平日を3～4日間も休む必要があります。とてもサラリーマンが顔を出す世界ではありません。

それでも、運の要素が強いマッチプレーでは勝ち目がないわけではありません。しかし、ストロークプレーでは2人にまったく歯が立たないのです。白井さんは、ストロークプレーのスクラッチ競技では1回しか優勝していません。

それでも5回にわたってクラブチャンピオンになれたのは、白井さんが勝負強いからです。マッチプレーでは、メンタルの要素が大きいのです。マッチプレーでの心構えを教えてもらいました。まず、「勝とう！」と思うのは禁物です。かといって、自分のゴルフに執着しても得るところはないのです。作戦を立てても空回りするだけです。淡々といつものプレーを続けていると、踏ん切りがよくなるのだそうです。決して劣等感を持たないことが肝要です。萎縮してしまうからです。勝負では〝気〟が問題なのです。気力に満ちた状態を維持できれば、強者を相手にしても勝機があるのです。アプローチをしやすいところへ運ぶという考えも禁物だそうです。そんな弱気な攻め方では足下を見られてしまいます。必ず一直線にピンを狙うのです。

ゴルフの醍醐味は団体戦にある

白井さんは、9回にわたってクラブチャンピオンになっています。しかし、それは結果なのであって、決してクラブチャンピオンを目標にしてきたわけではありません。白井さんは、個人戦ではなく団体戦に主眼をおいてきました。白井さんは、ゴルフの醍醐味は団体戦にあると思っています。

白井さんは、「全日本実業団対抗ゴルフ選手権大会」に15年間にわたって参加しています。団体戦はチームワークが大切です。普段から、「チームのために」という意識を培っていないと試合で勝てません。何かを一緒に成し遂げようとすると自然に助け合うようになります。これはチームのメンバーの心の中から自然に湧き出してくるものです。これは仕事も同じだと白井さんは言うのです。あるプロジェクトを成し遂げようとすると助け合います。全員の息が合わないとプロジェクトは成就しません。

「関東倶楽部対抗競技」と呼ばれる団体戦の競技会があり、白井さんは、31歳の時から35年間にわたって船橋CCを代表する正選手に選ばれています。5月に開催される大会に先立って、3カ月間、代表に決まった選手が一緒に練習をします。この段階で仲間意識が生まれるのです。

仲間と一緒に回ると稽古を付けてもらえます。自分より上手い人のプレーぶりに注目して、「この人の上手さはあそこにあるな」と見抜くのです。時には、「どうやるの？」と尋ねて教えてもらうこともあります。また、調子が悪くて悩んでいると、「白井、こうなっているよ！」と教えてくれるのです。こうして、毎週のように仲間からラウンドレッスンを受けることができたのです。切磋琢磨で白井さんは腕を磨いてきました。多少の入れ替わりはありますが、ほぼ変わらない8人ぐらいのメンバーです。

全員が上手くならないと予選を通過できません。出場8人の6人のスコアの合計で順位が決まります。しかし、同スコアの場合は、6人以外のスコアで順位が決まるの

で、1人も気を抜くわけにはいかないのです。

団体戦と個人戦では、メンタル面で大きな違いがあります。団体戦のプレッシャーは個人戦とは比べものにならないのです。自分のミスがチームの成績に直結するプレッシャーがあるからです。個人戦のプレー以上に、1打1打に気を遣うのです。

関東倶楽部対抗競技では、新潟から静岡に至る広大な地域にある350以上のクラブが、16ブロックに分かれて予選を行い、各ブロックで3チームが決勝へ駒を進めます。船橋CCは、これまで3回予選を突破して決勝へ進みました。プレッシャーの中で戦ったあとだけに、その時の喜びは大きなものでした。チームに貢献できた時の喜びや達成感は格別なのです。

白井さんは、団体戦でのプレッシャーをテコにして上達してきました。厳しいプレッシャーの下で真剣にプレーしているうちに、自然に上達したのです。白井さんの年間ラウンド数は60回程度で、先述したように打ち放し練習場にはほとんど行きません。それでもハンディ2になるまで上達できたのは、「上達せざるを得ない状況」に身を置いてきたからです。

スイングは格好ではない

白井さんと一緒に回った人から、「どうしてそんなに良いスコアで回れるのか」とよく質問されるそうです。「よく真っ直ぐ行くな！」と感心されるぐらい個性的なスイングなのに、サラリーマンとしては尋常でないくらい上手いからです。白井さんは誰にも教わったことがありません。40年をかけて、実戦を通して体に焼き付けた自己流のスイングなのです。

かつて、白井さんは「自分のスイングはきれいだ」と思っていました。ボールは真っ直ぐ飛んで曲がらないからです。しかし、40代の頃、「白井のスイングは格好悪い。なんとなく運動神経だけで打っている。そんなスイングでは60歳を越えたらダメになるよ」と仲間の1人から言われたのです。

白井さんのスイングは、青木功プロの兄弟子格にあたる佐藤精一プロに似ているのだそうです。かつて「ゴルフ尾崎三兄弟に挑戦」というテレビのレッスン番組があり、その中で太い眉毛の佐藤精一プロのレッスン場面があったのをよく覚えています。

白井さんは、ヘッドを引きずるような感じでテイクバックして、体が先に回転して柔らかくボールを打つ自分のスイングは、理に叶っていると思っています。そのため、自分のスイングを矯正しようとは思いませんでした。「スイングは格好ではない、結果だ」と信じているのです。

日本の武道や伝統芸能の影響でしょうか、日本のゴルフレッスンでは、型にはめる傾向があります。野球でも型にはめようとする傾向があるようです。それを嫌って米国に渡って大リーグで成功したプロ野球選手がいます。

人間の体は1人ひとり異なります。またプレーする環境も違います。白井さんは、自分の体の特徴を生かしたスイングが必須だと考えているのです。自分に合ったスイングは自分でないとわからないとも思っています。

仲間内でも、〝きれいなスイング〟を意識して教え合うのではありません。アドバイスするのは、「頭が上るのが早い！」「テークバックが甘い！」「芯がぶれている！」「へそで打て！」といったスイングの基本なのです。

白井さんが、いとも簡単にパーオンして2パットでパーを取るので、打ち放し練習場にはほとんど行かないのだと言っても信じてもらえません。平日は、毎日のように宴席があり夜遅い帰宅が続くので、練習どころかクラブを握っている余裕もないのです。しかし、それだからこそ、週末の仲間とのゴルフが愉しみなのです。週末のゴルフの愉しみがあるからこそ、心おきなく仕事に打ち込んでこられたと白井さんは言うのです。

あと10年は上達できる

団体戦の真剣勝負の中で培った絆はかけがえのないものです。今では、関東倶楽部対抗競技の代表選手仲間は、白井さんのゴルフ人生の大事なパートナーです。昨年、この仲間たちとカリフォルニアのモントレー半島にゴルフに行き、ペブルビーチやスパイグラスなどを回りました。気の合う仲間との遠征はなんとも愉しいものでした。今年は、スコットランドへ行ってリンクスを巡る予定です。

ゴルフの愉しさも、ゴルフの上達も、親しい仲間に負うところが大きいのです。仲間たちとはゴルフのことだけでなく、プライベートなことも話せるようになっています。「親しい仲間との交流にこそゴルフの醍醐味がある」と白井さんは言うのです。

白井さんは、これまで多くの得意先とラウンドを共にしてきました。ゴルフは人の心と心を結び付け、絆を深めてくれます。白井さんは、仕事とゴルフを通じて親しくなり互いに胸襟を開いた得意先も大事な仲間だと感じています。

白井さんはすべてのラウンドのスコアを記録に残しています。それによると、ずっと長い間、年間平均スコア78~79を保ってきました。ハンディ2の実力を維持してきたことが平均スコアからも見てとれます。しかし、60歳を過ぎてから年間平均スコアは80を越えて81になり、ハンディも2から3に落ちました。

集中力に欠けるようになったのが原因です。また、昔のような伸びのある力強いショットが打てなくなってきたのです。明らかに足腰が弱ってきたと感じています。その大きな理由は、社用車に乗るようになったことです。東日本担当の専務取締役として、広い地域を営業で飛び回っているので、どこへ行くにも車を使わざるを得ません。それでも、時間が許す時は手前で降りて30分ほど歩くようにしています。1つの救いは、船橋CCでは乗用カートがないので歩いてラウンドしていることです。

白井さんは、長い間、「馬鹿か!」と言われるぐらい、ピンがどこに立っていようとピンを真っ直ぐ狙う単純なゴルフをしてきました。それで上手く行くことが多かったのです。パーオンして2パットでパーを獲るのが当たり前だったのです。しかし、何も考えなくても真っ直ぐ打てていたのが、60代になってそうはいかなくなってきました。また、飛距離が落ちて400ヤードを越える長いホールでは、パーオンするのが難しくなってきたのです。

体力と気力が落ちてきて、「このままでは終ってしまう」という危機感から、考えてプレーするようになってきました。考えることは山ほどあります。まだ「これだ！」と言えるものは見つかっていません。簡単に見つからないからゴルフはやめられないのです。

白井さんは、寒い冬でもゴルフをします。冬はゴルフをしないという人がいますが、それではもったいないと白井さんは言うのです。冬には、静かにじっとしている自然を見ながらゴルフをします。春先になると芝の芽が出て、フェアウェイは少しずつ青くなっていきます。冬にもゴルフをしているからこそ、自然の変化を肌で感じてゴルフをする喜びを味わえるのです。

白井さんは、75歳までは上達を続けられると実感しています。これまでの「パーオン2パット」の単純なゴルフを卒業すればよいからです。30年前に、現在のような考えるゴルフをしていたら、もっと上達できたのではないかと思っているくらいです。

これからコースマネジメントに磨きをかければ、少なくともあと10年は上達できると思っているのです。

最後に、エージシュートを達成したいという夢を語ってくれました。すでに67で回ったことがある白井さんですから、60代でのエージシュートも夢ではないはずです。素晴らしい仲間に囲まれてエージシュートを続けている白井さんの姿が目に浮かびます。

達人シングルが語る
ゴルフ上達の奥義

11番ホール

近藤貞敏さん

あいがわCC（大阪府）所属、55歳、ハンディ+1、
1994年よみうりオープン決勝進出、クラブ選手権優勝（9回）

こんどう・さだとし
1953年長崎県生まれ、身長172cm、体重75kg、茨木市立東中学校勤務、ベストハンディ+1、ベストスコア67

最初の1球がナイスショットとなる一発必中の実戦練習が欠かせない

負けず嫌いからゴルフにのめり込んだ

近藤貞敏さんは、１９９０年、滋賀県にある朽木GCに入会しました。ゴルフを始めて5年後のことです。8月1日に入会して、すぐにもらったハンディが10。いきなり10月に開かれたクラブ選手権の予選に出場します。予選をトップで通過した後、マッチプレーの本戦を、あれよあれよという間に勝ち上がって優勝！　都合4回クラブチャンピオンになり、ハンディは1となりました。

その後、あいがわCCのクラブ選手権で5回にわたって優勝しています。近藤さんは、筋金入りのクラブチャンピオンなのです。また、１９９４年、40歳の時、よみうりオープンの予選を通過し、プロに混じってトーナメントに出場しています。30歳でゴルフを始めた遅咲きで、しかも様々な制約がある公立中学校の体育教師として勤務しながらハンディ＋１になるためには、人知れぬ精進と工夫がありました。

近藤さんは、野球や水泳、登山をはじめとするあらゆるスポーツの経験があります。根っからのスポーツマンなのです。しかし、ゴルフにはまったく関心がありませんでした。ゴルフは一部の金持ちの道楽だと思っていたからです。

30歳で購入したマンションのすぐ前に、たまたま打ち放し練習場がありました。5階にある自宅のベランダから外を見ていると、日曜日には、打席が空くのを待っている人がいます。練習するぐらいでなぜ待つ必要があるのか不思議に思ったのです。引越しから4カ月経った頃、好奇心から打ち放し練習場へ行って、ボールを打ってみることにしました。

土を固めた打席に小さなマットが置いてあります。借り出した7番アイアンでボールを打つと、とんでもないダフリで、マットが5mも飛び、肝心のボールは地面に鎮座したままです。「なんで止まっているボールが打てないのか！」と、生来の負けじ魂に火が付いたのです。

こうして、帰宅途上、毎日のようにこの打ち放し練習場に立ち寄るようになりました。午後7時から9時ぐらいまで、夕食前にボールを打ち続け、ついには頚椎を痛めて首を後ろへ回せないので、車でバックできなくなったくらいです。スライス、フック、チョロなど、ミスショットが続く練習をしているのを見かねて、練習に来ている常連が、「それでは上手くなれないよ」と声をかけてくれました。

せっかくゴルフを始めながら、なかなか上手くなれないため投げ出す人が多いのです。しかし、近藤さんは、簡単には上達できないからこそゴルフにのめり込んで行ったのです。振り返って見ると、100の壁、95の壁、90の壁、というように、ハンディ5つごとに上達の壁があったと近藤さんは言います。

河川敷コースが故郷

それでも毎日練習を続けているうちに、3年後には80台が出るようになりました。この頃のラウンドは月に1~2回に過ぎません。新聞社が主催するコンペに出場するぐらいしかラウンドの機会はなかったのです。そのうち、淀川の河川敷にある京阪ゴルフコースに通うようになりました。4253ヤード、パー64の短いコースです。淀川の河川敷が、近藤さんのゴルフの原点です。近藤さんは、京阪ゴルフコースを故郷だと思っているのだそうです。

近藤さんは、河川敷で風と戦うゴルフの面白さを知りました。河川敷では常に強風が吹いていています。向かい風で100ヤードにPWを使えば、ボールが押し戻されてしまいます。強風下では、自然に5番アイアンを使って低弾道のボールを打つようになりました。「強く打たないほうが真っ直ぐ打てる」と風の神様に教えてもらったのです。

近藤さんは、「練習には河川敷のコースがよい」と言います。2つのゴルフクラブに所属している今でも、調子が悪くなると京阪ゴルフコースに行くのだそうです。河川敷コースは調子を取り戻すのに最適だからです。山岳コースや丘陵コースでは、フェアウェイに傾斜があり、上り下りもあります。地形に惑わされ、目の錯覚で正しく構えられなくなりがちです。その点、河川敷は平坦なので、地形に惑わされることがないのです。河川敷で構えを点検しながらラウンドすると、調子が戻ってくるのだそうです。

近藤さんは、大切にしている一枚のスコアカードを取り出して見せてくれました。以前勤務していた中学校に配属されていたイギリス人の英語教師からもらったのだそうです。セントアンドルーズベイGCのスコアカードです。写真が掲載されていて、遠くにセントアンドルーズの街並みが見えています。河川敷で風と戦っているうちに、リンクスへ行きたくなったのだそうです。青木功プロが全英オープンに初めて出場するに際して、河川敷で練習したという逸話を思い出しました。

焼玉エンジンではダメ

近藤さんは、体育大学時代に遠泳をしていた時の興味深い話をしてくれました。6㎞を泳いで陸に上ると、体が勝手に動いて泳ぎ続けようとするのだそうです。チャールズ・チャップリンの名作『モダンタイムス』を彷彿とさせる話です。大量生産の近代文明を風刺したこの映画の中で、チャップリンが扮する工場員のチャーリーは、ベルトコンベアーの前でネジを締める単純作業を長時間続けるうちに、工場を離れてもネジを締める動きが止まらなくなり、狂人だと思われて精神病院に収容されます。

打ち放し練習場で2カゴぐらい打って、やっとよい球が出るようになり、「さあ、これで明日のラウンドは万全だ」と思って帰宅します。しかし、翌日のラウンドでは、ナイスショットが1つも出ないひどいラウンドです。「前日の練習ではあれだけよかったのに」とぼやくことになります。

近藤さんによれば、こんなことは当たり前の話なのです。近藤さんは、〝焼玉エンジン〟ではダメだと言うのです。かつてリズミカルな独特の爆音を立てて航行する「ポンポン船」と呼ばれて親しまれた小型船がありました。この船に積まれていたのが焼

玉エンジンです。ヘッド部分の焼玉を外部からバーナーで加熱して、燃焼室内に噴射される混合気に初爆を起こす仕組みになっていました。焼玉は3～4回も焼かないと始動しなかったのです。

コースではただの1球しか打てないのです。最初の1球でナイスショットをするためには、ちょうど遠泳で6㎞を泳いだあとのように、無意識に体が動くようになるまで反復練習を続けて、正しい筋肉の動きを体に焼き付ける必要があると近藤さんは言うのです。

省エネ練習法

近藤さんは、2人の子息が大学生の間は、経済的な負担が大きく、ゴルフへの支出を抑える必要がありました。そこで、省エネ練習をしていたのです。省エネ練習の基本は、練習の〝ドツボ〟にはまらないことです。普段、2カゴ打つようにしているのに、上手く打てないと、もっと打ちたくなります。こんなときは、打てば打つほどドツボにはまります。いつもの何倍かのボールを無駄打ちして、しかもスイングを壊してしまうのは愚かなことです。

近藤さんが今も実践している「ドツボにはまらない練習法」を教えてもらいました。1つは、下半身を使ったショートアイアンの練習をみっちりやることです。ショートアイアンで真っ直ぐ打てなければ、長いクラブで真っ直ぐ打てるはずがありません。

もう1つは、ドライバーで100~120ヤードを打つ練習をすることです。近藤さんが行きつけの打ち放し練習場には、110ヤードの目標が設置されています。ドライバーで、その目標へ向かって、20~30%の力でゆったりと打つのです。たとえ110ヤードといえども、しっかりと下半身を使って、腰に張りをもたせてスイングします。

近藤さんは、以前、学校のクラブ活動で野球部の顧問をしていました。野球では必ずトスバッティングをします。必須練習の1つです。すぐ脇でボールを軽く投げてもらったボールを打ったり、投手が投げたボールを投手に打ち返したりします。いずれにしても、バットをコントロールすることを覚える練習法なのです。「ゴルフでもトスバッティングを練習する必要がある」と近藤さんは言うのです。

ドライバーで110ヤードを打つと、誰でも最初はスライスしか出ません。ドライバーで110ヤードを打ってスライスしか出ないのでは、フルショットで真っ直ぐ打てるはずがないのです。110ヤードを真っ直ぐ打てるようになれば、150ヤード、180ヤードというように飛距離を伸ばして行きます。このやり方では、ドツボにはまることはありません。

ドライバーを持つと、誰もが力任せに打ってしまいます。力任せでないと打った感じがしないからです。初めから力任せでフルスイングしているとボールは曲がります。それを直そうとしても上手く行きません。むきになって打っていると、ドツボにはまるのです。多くの人が、それに気がつかないのが問題です。

少ないラウンドをイメージトレーニングで補った

近藤さんは勤務の関係で、普段でも月に1～2度ぐらいしかコースへ行けません。秋になると10月に開かれる体育祭の準備で多忙な毎日が続き、近藤さんはゴルフどころではなくなります。そこで、ゴルフを始めて10年ぐらいの間は、ラウンドが少ないのをイメージトレーニングで補っていました。

その頃ホームコースにしていた朽木GCの各ホールで、打ち出して行く方向の写真を撮影し、それを1番から18番ホールまで順番にアルバムに貼ったのです。就寝前に、それをめくりながら頭の中でラウンドをするのです。頭の中でクラブを選択し、ワッグルして、ショットを打ちます。もちろんいつもナイスショット！

苦手なホールでは、写真を見ながらクラブを選び、アドレスに注意します。いつも風が吹いているホールでは、風を考慮してクラブを選びます。向かい風では低いボール、追い風では高いボールを打つのです。イメージトレーニングをしているうちに、いつのまにか眠りに落ちています。

この頃、自宅のパターマットで、洗濯カゴ2杯分のボールを打つのを日課にしていました。マットの上に引いた2本の線の間を、ひたすらボールを転がすのです。洗濯カゴ2杯と言えば500球になります。ぼくも自宅のパターマットで、100球のパット練習をするのを日課にしています。上には上があるものだとびっくり！「3パットした」とか「4パットもしてしまった」と言って悔しがる人がいます。そんな人に限って、普段パットの練習をしていないと近藤さんは言います。

500球のパットを打ち終わる頃には、意識しないでも実に滑らかに体が動くようになるのです。６㎞の遠泳をした後と同じです。

ゴルフには登山がよい

近藤さんは、10年前から夏山登山をするようになりました。登山は歩く〝行〟なのだそうです。４日間かけて立山から上高地へ縦走したり、６日間かけて八方尾根から上高地まで縦走したりします。登山は健康とゴルフのためです。

登山には２つの効能があります。１つは心肺機能の強化です。歩いてラウンドしていた頃は、上り下りが多い朽木ＧＣでは、ボールを打つ能力もさることながら、歩く能力が問われたのです。クラブ選手権で、対戦相手が上り坂を登ったあと荒い息をしているのを見て、「この勝負は勝ったな」と思ったことが何度もありました。呼吸が乱れると精神も体も乱れるのです。近藤さんは、乗用カートの導入でゴルフの醍醐味が薄れたと思っています。

近藤さんが山で覚えた呼吸法のコツを教わりました。まず、息を吐き尽して肺を空っぽにするのです。すると自然に深く吸うことができます。

ドライバーのスイングに呼吸法を応用すると、安定して飛距離が出せるのだそうです。テークバックで息を吸って、ダウンスウィングで「フーッ」と一気に息を吐くのです。近藤さんは実際に声を出すのだそうです。これを聞いて、大学で空手部に所属していたぼくは、空手と同じ呼吸法だとすぐにわかりました。空手では、こぶしを突き出す瞬間に、一気に息を吐き出します。こうすることで、瞬発力を出すのです。

登山のもう1つの効能は、長丁場であせらなくなったことです。登山の途中で、「あの尾根まではパー5の距離だな」というように考えて歩くと、疲れないのだそうです。長い道のりでは、目前の目標に向かって歩くのがよいのです。近藤さんは、街を歩く時も、電信柱などの目標を見て距離を目測しておいて、歩測するようにしています。こうしていると長い道のりでも、あっという間に到着できます。しかも、ゴルフの距離感を磨くこともできるのです。

一発必中の実戦練習が欠かせない

近藤さんの上達法を聞いているだけでは隔靴掻痒です。ドライバーで110ヤードを打つ練習と聞いてもピンときません。近藤さんが実際にどんな練習をしているのか自分の目で見たいとい思うようになりました。そこで、近藤さんが四半世紀にわたって練習している大阪府高槻市にある阿武山ゴルフセンターを訪ねたのです。

広々とした80打席、230ヤードの練習場へ踏み込むと、不思議な風景が目前に広がっています。小山やマウンドがたくさんあり、頂上には旗が立っていて、まさに砲台グリーンに見えます。小山やマウンドが古墳だと知ってびっくり！　それ以外にも、目標となるピンフラッグや棒がたくさん立っています。近藤さんの練習には多くの目標が欠かせないのです。

近藤さんは、ぼくを右端にある打席に案内します。近藤さんは、いつも右端か、左端の打席を意図的に選んでいます。端部の打席に陣取ると、斜めに打つ実戦練習ができるからです。

近藤さんは、9番アイアンを取り出して、右50ヤードの木、右90ヤードのマウンド上の旗、センター110ヤードの目印、少し左60ヤードのピンフラッグ、20ヤードのすぐ目の前の溝というように、方向と距離が異なる5カ所の目標を定めて、1球ごとに、次々と目標を変えて打ち始めました。目標に向かって真っ直ぐ正確なボールが飛んでいくのに驚嘆！

この時大切なのは、必ず素振りをすることです。打席に対して斜めに構えて素振りをすると、腰に違和感があります。打席に逆らって構えているからです。この違和感を得るのが大事なのです。斜めに打つ技術が身についてくると、次第に違和感が減ってくるそうです。

もう一つ大切なのは、ある目標に向かって打ってミスをしても、決して打ち直さないことです。一発必中の習慣を、普段の練習で身につける必要があるのです。同じ目標に向かって続けて打つのは、「練習のための練習であり、実戦の役には立たない」と近藤さんは言います。コースではただの1球しか打てないのですから、最初の1球でナイスショットができるようになる実戦練習が欠かせないのです。

近藤さんは、９番アイアン１本の練習でシングルの壁を破ったのだそうです。

120ヤード以内のショットは、すべて９番アイアンで打つようにしていました。たとえ10ヤードでも９番アイアンです。得意クラブを持つことが必要なのです。９番アイアンでのアプローチが得意になってからは、パーオンしなくてもダブルボギーを叩くことはなくなり、シングルの壁を破ったのです。

コースで、スイングのことが気になったり、バンカーや池やOBのことを気にしたりすると必ずミスが出ます。景色に負けて軸がブレるからです。目標へ向かって構えたらすぐに打つ訓練をしておけば、コースに出ても余計なことを考える前にスイングに入れます。

打席に立つように促されたので、ぼくも9番アイアンで、近藤さんのやり方を真似て打ち始めました。しかし、なかなか上手く行きません。1球ごとに、方向と距離を変えて打つのは難しいのです。

近藤さんが、ぼくがボールから離れすぎていると指摘します。多くの人がボールから離れすぎているそうです。目を閉じて、剣道でいう上段に構え、クラブを下ろしたところが正しいボールの位置だそうです。いつものように構えて、目を閉じてクラブを頭上に上げて床に下ろしてみると、驚いたことにヘッドがボール1個分手前にあります。そこで、ボール一個分近づいて構えると、違和感があるのです。離れて構えるのに慣れているからです。

「ボールから離れて構えると、インサイドインの正しいスイングができない」と近藤さんは言います。「ボールを迎えに行って右肩や右膝が前に出て、ボールが真っ直ぐ左へ出る〝プル〟を打ちやすい」と続きます。ぼくが時々プルを打ってしまう理由がわかりました。

ボール3個ぐらい離れて構えてスイングするように言われ、やってみると、ヘッドの先端に当たるミスショットです。ボール1個だけ遠くに構えているぼくが、これに近いことをしていると近藤さんは言うのです。極端なことをやらせて、ボールから離れて立つ弊害をぼくに理解させてくれました。

次に、近藤さんが、目を閉じたままでスイングするように言います。ボールが正しい位置にありさえすれば、目をつぶっていてもボールを芯で打てると言うのです。7番アイアンでやってみると、なかなか上手く打てません。それでも、しばらくすると、芯でとらえた時の気持ちのよい音が出始めました。

人が外界から受ける刺激の80％は、目からの視覚情報だと言われます。目をつぶって視覚を遮断すると、触覚や聴覚が鋭くなります。クラブの重さを感じ、クラブの動きや体の動きも感じ、ボールに当たったときの音がはっきり聞こえます。また、自然にゆっくりとスイングします。慣れてくると、ボールさえ正しい位置にあれば、目を閉じていてもボールを芯でとらえることができるのです。まさに〝心眼〟で打っている感じがします。

体の平衡は、小脳が、①視覚情報、②三半規管などで得た位置情報、③筋肉や関節で感じる感覚の3つを統合し、適切な姿勢をとるように筋肉に指示することによって保たれています。目を閉じてスイングすると、視覚情報を補おうとして、上記の②と③が奮闘します。すなわち、目をつぶってスイングすれば、加齢と共に衰える平衡機能を鍛えることができるのです。

また、目を閉じたままだと、素振りと同じようにスイングすることができます。「たまたまボールがあったから当たった」という感じで打てるのです。ボールに当てようとする体の動きが出ないのです。

さらに、フィニッシュで、シャフトを首筋に当てたままの状態を保って、ボールが地面に落ちるのを見届けるようにとの指示がありました。フィニッシュの姿勢で「1、2、3、4、5」とゆっくり5つ数えるのです。やってみると、下半身や肩や脇の筋肉が伸びているのを感じます。「ストレッチになるでしょう」と近藤さん。フィニッシュが小さい人は、ヘッドの動きにブレーキをかけているのだそうです。

次に、フィニッシュでシャフトを頭に当てるように言われ、やってみると、スライスボールが出ます。次にシャフトを背中の方に当てるように言われ、やってみると今度は軽いフックボールが出ます。どうやればスライスとフックが出るのかを理解しておくと、厳しいホールで大きなミスをすることがなくなるのです。

近藤さんの指導による実戦練習は2時間を越えていました。

公立中学校にゴルフ部を創設

近藤さんは、3年前、茨木市立東中学校に着任した直後に、ゴルフ部を発足させました。そして、教育委員会の応援を受けて、校庭の片隅に、8打席のネット練習場を作ったのです。さらに、近藤さんは知り合いを頼って、中古クラブと古い練習ボールを集めてきました。

毎日放課後に24名の部員を指導しています。土曜日には、知人が経営する打ち放し練習場を使わせてもらい、時々、あいがわCCでラウンドさせてもらっています。

近藤さんが勤務する中学校を訪ねて、ゴルフ部の練習を見学しました。軟式テニスとハンドボールの練習場に挟まれた一角に、高さ5mぐらいのコンクリートの支柱で支えられたネットで覆われた練習場があります。予想していたより遥かに立派な練習場です。子供たちが熱心に打球練習をしています。伸び伸びとした自然なスイングです。集まってくれた子供たちがぼくに挨拶をします。礼儀正しい子供たちです。

近藤さんは、子供たちの自主性に任せ、スイングの指導はしていません。時折、「音が悪い、もっと集中しろ！」という鋭い声が飛びます。

打席が空くのを待っている子供たちが全員、熱心にリフティングをやっています。SWのフェースでボールを器用に跳ね上げています。見ていると、皆、実に上手です。近藤さんも、ラウンドで前が詰まって待っている時はリフティングをしています。コースでアプローチの練習をして時間をつぶす人がいますが、それはマナー違反だと近藤さんは思っています。

近藤さんが、SWのフェースにボールを当てながら、リフティングの効能を説明してくれます。真っ芯に当たると、ボールがよい音を発して強く跳ね返ります。芯をはずすと回転がかかり、斜めに跳ね返ります。リフティングは、ボールを芯でとらえる練習なのです。

練習が終ると、近藤さんはストップウォッチを取り出して、3分間でボールを集めることを命じました。ボールを手で集めるのも、手首を柔軟にする練習になるのだそうです。3分間と時間を切るのは、敏捷性を身に付けるためです。

近藤さんが目指しているのは、子供たちの上達ではありません。自分で努力して成果を出すことの面白さを教えたいのです。ある1人が上手くなると、他の生徒が負けないように努力します。1人でコツコツ努力して成果を出すゴルフは、人格形成に適していると近藤さんは考えているのです。

平日に学校を離れるわけにはいかない近藤さんは、関西アマチュアゴルフ選手権などの大きな競技に出場することができませんでした。定年後は、大きな競技に挑戦したいと考えています。シニアトーナメントに出場する夢ももっています。また、何らかの形で子供たちにゴルフの心を教え続けたいとも思っています。近藤さんの夢の実現を祈りながら学校を後にしました。

Column コラム

75歳で大ジャンプ!

サッカーJリーグの登録抹消選手の平均年齢は25・3歳だそうです。公表されたデータはありませんが、プロ野球選手が第一線を退く年齢は30~40歳ぐらいのようです。野球評論家の豊田泰光さんが、2005年4月21日付け日本経済新聞の連載コラムで書いています。

「『投手の手から離れて1mくらいの間、球が消えた』と漏らしてまもなく、大下さんは引退した。若い私は球が消えることなど思いも寄らなかった。ところが、30代半ばになったら実際に見えなくなった。一瞬闇にのまれた球が、再びビュッと出てくるのは怖い」

多くのプロ野球選手が30代半ばで引退するのは、動体視力の衰えが理由のようです。

他のスポーツと比べると、ゴルフの選手寿命は驚くほど長いと言えます。

長寿の選手の代表は、1929年生まれのアーノルド・パーマーです。24歳でアマチュアとして初出場してから実に半世紀、50回にわたってマスターズに連続出場しています。74歳で最後の出場となった2004年のマスターズの第2ラウンドをテレビ生放送で観戦していると、18番ホールの第2打で、パーマーはドライバーを使って2オンを狙い、ギャラリーを沸かせました。同伴の選手はショートアイアンで打っています。観客は拍手喝采！　パーマーも両手を挙げて応えます。感動的な引退の場面でした。

翌年2005年のマスターズの第2ラウンドを、テレビ生放送で観戦していると、65歳のジャック・ニクラウスが、大きな体を丸めて右に傾けたいつもの姿勢で、ロングパットを見事に決めました。脱いだ帽子を掲げて大きな歓呼に応えています。ジャック・ニクラウスは、米ツアーで70勝、世界4大大会で18勝、マスターズに44回出場して大会最多6度の優勝を誇ります。

この日の新聞のスポーツ欄を、「さらば、帝王」との見出しが飾っています。第2ラウンドを終え、通算9オーバーで予選落ちしたジャック・ニクラウスは、試合後の記者会見で、「今回が最後のマスターズだった」と語りました。

9番ホールのグリーンに上がってくる時、「一日中楽しくプレーしていたが、最終ホールの9番のフェアウェイを歩いているうちに、これが最後のマスターズだと思ったら、感情が高ぶってしまった」と感無量の涙を見せました。

1942年生まれの青木功プロは、22歳でプロ入りしてから実に40年間も国際舞台で活躍を続けています。65歳になっても世界のツアーの第一線で活躍する青木功プロは、アマチュアにも大いなる元気をくれます。

どうしてゴルフの選手寿命は桁違いに長いのでしょうか。1つは、止まっているボールを打つので、自分でリズムやタイミングをつくれるからです。2つは、道具を使って体力の低下を補うことができるからです。3つは、「心・技・体」のうち「心」と「技」の占める割合が高いからです。「体」は20歳をピークとして落ちる一方なのですが、「心」と「技」を磨き続けることは可能なのです。

2007年1月4日、NHK総合テレビで放映された『生活ほっとモーニング』の「この人にトキメキっ!」のコーナーに、1911年生まれで、この年96歳になる、聖路加国際病院理事長の日野原重明さんが登場しました。

「60歳からが自分の夢を実現する準備期間だ」と話しています。「75歳からようやく老人。60歳からは助走期間で、75歳で大ジャンプしよう！」と続きます。

この本に登場する、75歳で大ジャンプした達人たちの話に耳を傾けてください。ゴルフは何歳からでも上達できるとわかります。「もう歳だから」というのは言い訳なのです。

達人シングルが語る
ゴルフ上達の奥義

12番ホール

葛原寛さん

西宮CC（兵庫県）所属、77歳、ハンディ10、エージシュート（1回）

くずはら・ひろし
1931年大阪府生まれ、身長164cm、体重63kg、元富士火災海上保険株式会社勤務、ベストハンディ5、ベストスコア72

情熱を持って挑戦し続ければ、夢は必ず叶う

10年間ひたすら練習に明け暮れた

葛原寛さんは、1981年、50歳の若さで富士火災海上保険株式会社の社長に就任しました。その時のハンディは12です。その後、経営の最高責任者として会社を興隆に導く一方で、ゴルフに精進し、65歳でハンディ5の片手シングルになりました。

葛原さんは、40歳で初めてコースに出てプレーしました。この年、宝塚CCの法人メンバーになり、初めてもらったハンディが20。6カ月後にハンディは13になりました。それだけ急速に上達したのには訳がありました。コースに出るまでの10年間、1回もコースに出ることなく、ひたすら練習に明け暮れていたからです。

30歳の時、ゴルフ好きの上司の勧めでゴルフを始めました。会社から近いところにあった鳥カゴの練習場に、週2~3回、昼休みに通い始めました。20ヤード先の的を狙ってもなかなか当たりません。ボールが真っ直ぐ飛ばないのです。ハンディ20ぐらいの上司がやって来て隣で練習し始めると、その的に次々と当たります。

しばらく経って、帰宅途上に打ち放し練習場に立ち寄ってプロに教わるようになりました。口数が少ない怖い先生でした。指導されるままに5番アイアン1本でひたすらボールを打ち続けたのです。その頃、打ち放し練習場の打席の床は土です。土の上に置いたボールを、軟鉄アイアンで毎日のように打つのですから、半年もするとソールの刻印が消えます。ドライバーを打たせてもらったのはずっと後のことです。この練習場に日参して、3年間、プロに徹底的に基礎を叩き込まれました。

時にはショートコースへ同僚と行くことはありましたが、本格的なコースには一度も出ることなく、ひたすら練習場通いの毎日が続いたのです。コースへ行かないと練習に身が入らないのが普通です。しかし、2人の子供が育ち盛りで、コースへ行く時間も経済的なゆとりもなかったのです。

ぼくの専門の建築で言えば、強固な基礎があってはじめて強い地震にも耐える高層建築を建てることができます。葛原さんは、まずはしっかりした基礎を築いたのです。

やる気になればなんでもできる

葛原さんは、三重県の伊賀上野に疎開している間に上野中学校を卒業し、父親が大阪で始めた機械工具販売の仕事を手伝い始めました。年中不眠不休の丁稚奉公で、重い機械工具を載せた大八車を引いて運ぶ、辛く苦しい毎日でした。しかし、17~18歳の育ち盛りの時に足腰を鍛えることができたのは、その後の葛原さんの人生とゴルフにとって、大きなプラスになったと言えます。

中学を一緒に卒業した同級生は、すでに高校を卒業して大学へ進学しています。負けず嫌いの性格なので、大学へ行きたいと思うようになり、大学入学資格検定を目指して、試験勉強を始めました。微分積分も独学で学んだのです。受験参考書を頼りに、店番をしながら勉強して、翌年、見事に合格。さらに、12倍の競争率の入学試験を突破して、かつての同級生に2年遅れるだけで大学へ進学しました。この経験から、「やる気になれば何でもできる」が信念になりました。

会社に入ってからは、「会社とは楽なところだな」と思ったそうです。「こんなことで給料をもらってもよいのだろうか」とさえ思ったくらいです。50歳の若さで金融機関の社長に就任するくらいですから、会社での働きぶりは際立っていたのでしょう。

コースに出るまで10年間にわたって練習している時、努力を積み重ねればいつか花が咲くだろうと思っていました。葛原さんが今でも練習に打ち込むのは、苦労と努力なしでは上達はできないと体でわかっているからです。

奇跡的なショットは偶然で生まれることはない

葛原さんには体のハンディがあります。小学校2年生の頃、急性関節炎にかかり、9カ月間休学しました。今でも右膝が曲がりにくく、右足が少し細いのです。しかし、ハンディがあるからこそ負けるものかという気持ちになれるのです。「ハンディがあることが自分を駆り立ててくれた」と葛原さんは言います。

整形外科医をしている長男から、「筋力をつけることはできないが、筋力が落ちないようにすることはできる」と教えられ、4kgのダンベルを両手に持って20分間ほど体を動かすダンベル体操を、5年前から継続しています。今では毎日ダンベル体操をしないと気持ちが悪いくらいです。

葛原さんは練習の虫です。練習が好きなのです。昨年、110ラウンドしましたが、打ち放し練習場にも120回通っています。今でも練習に行くと300球は打つので、年間3万6千球になります。「それだけ打っても思うように上達しない」と葛原さんは言います。

ビデオを見たり、ゴルフチャンネルを見たりして、「これだ！」という発見があると、すぐにでも練習場で試してみたくなります。翌日にでも、それを実際に練習場で試して、上手く行った時はなんとも嬉しいのです。さらにコースに出て実戦で試して、上手く打てたときの快感は格別です。「自分で発見した」ということが肝心なのです。自分で発見したことを、練習と実戦を通して、少しずつ自分のものにしていくのがゴルフの醍醐味なのです。

葛原さんは、ちょうど手元にあった『ウィアー・ゴルファーズ』２００７年10月号を広げて、「名手の温もり」と題する一世代を築いた名手たちを紹介するシリーズ記事の第1回を見せてくれました。ＳＷの発明者としても知られ、プロとして史上初のグランドスラムの偉業を達成した伝説の人、ジーン・サラゼンが取り上げられています。葛原さんは、ジーン・サラゼンの次の言葉に同感したのです。

「奇跡的なショットは、偶然で生まれることは決してない。常日頃の努力の積み重ねが結実しただけなんだ」

ゴルフは、数あるスポーツの中で最も練習の成果が現れにくいと言われます。練習してもなかなか成果が出ません。だからこそゴルフは面白いと葛原さんは言うのです。だからこそ年間１１０ラウンドしても飽きることがないのです。また、

SPORT KING GUM
SARAZEN
GENE SARAZEN

一旦ゴルフを始めると途中でやめる人が少ないのも同じ理由からです。

社長をしながらシングルに

社長就任に伴う記者会見で、新聞記者がハンディを尋ねてきました。「12だ」と答えると、「これからはゴルフができませんね」と言います。「社長がシングルの腕前の会社には金を貸すなというけど、当社は金を貸すほうなのでゴルフはしますよ。シングルにはならないけどね」と答えたのです。

しかし、社長をしながら確実に上達し、ハンディは少なくなっていきました。たま部下の1人が会社を辞めてゴルフ練習場の経営に乗り出し、練習に来るように誘ってくれたのを機に、社長になって止めていた練習を再開したからです。休日や仕事が早く終わった日に、その練習場に出掛けるようになりました。いくらでもボールを持ってきてくれるので、最低でも300球は打つようになりました。

1982年、西宮CCに入会し、もらったハンディは10。その後3年間、ハンディの改善はありませんでした。ところが、54歳でいきなりハンディは8になりシングル入りしました。その6カ月後、キャプテン杯で優勝し、ハンディは7になったのです。シングルになってずいぶん経ってから、決算発表の席で、新聞記者から「会社の成長率よりハンディの成長率のほうが高いですね」と冷やかされたことがあります。高度成長の真っ只中であったこともあり、会社は増収増益で、他社比較でもどこにも負けない業績を挙げている時でした。それを説明すると記者も納得したのです。

西宮CCのメンバーになって10年後の1992年、シニア選手権で優勝してハンディは6になりました。翌年、葛原さんは62歳で社長を退いて副会長に就任。その3年後、65歳でハンディは生涯ベストの5になりました。大手企業の副会長を務めながら片手シングルになったのです。その後、71歳で会社や経済団体の役職をすべて退き、悠々自適の生活に入りました。この年と2年後に、グランドシニア選手権で優勝しています。

その後2年間ハンディ5を維持しましたが、67歳でハンディは7になり、半年後に8になりました。その後は踏ん張って、7年間、ハンディ8を維持。73歳でハンディは10になりました。振り返ってみると67歳までは上り坂だったのです。片手シングルを維持していた65～67歳の頃は本当に勝負強かったそうです。

67歳で何が変わったのでしょうか。飛距離が落ちたことはスコアにはあまり影響がないのだそうです。問題は、集中力が落ちて雑になったことです。「寄らず入らず」になり、スコアを崩してしまうのです。

念ずれば通ず

葛原さんは、「いつまでにハンディを○○にしたい」というはっきりした目標を持つことが大切だと言います。何をやるべきかがはっきりして意欲も湧いてきます。そして、いかに紆余曲折があろうと決して諦めないことです。

葛原さんの今後の目標は、まずはシングルへの返り咲きです。もう一度シングル入りしようという意欲が湧いてきたのです。課題はアプローチとパットだとわかっています。そこで、自宅でアプローチとパットの練習をするのが日課になりました。5ヤードぐらいのところに置いたカゴに、ロフト角58度のSWでボールを高く上げて入れるアプローチの練習をしています。そのお蔭で、最近、アプローチとパットに復調の兆しが見え始めました。50ヤード以内の距離は、このSWを使ってボールを高く上げてピタッと寄せることができます。昨年9月のグランドシニアの菊花杯で優勝し、さらに同11月の「もみじ杯」で優勝できたのも、アプローチとパットの練習を続けてきた成果なのです。

昨年11月、葛原さんは、三重県にある近鉄賢島CCで開催された、全米女子プロゴルフの公式戦、ミズノクラシックを観戦しました。トーナメントが終った直後のコースで、トーナメントの時と同じティからプレーして、グロス83で回りました。その時、ふと、今後自分に達成できるのはエージシュートしかないという考えが浮かんだのです。神のお告げだったのかもしれません。

エージシュートの機会は、その1週間後に早くもやってきました。ジャパンメモリアルGCで開かれた開場17周年の記念コンペに出場して、10番ホールからスタートして38で回ったのです。後半も38で回るとエージシュートだと気がつきました。しかし、3番でダブルボギーを打ってしまい、残り6ホールをすべてパーで切り抜ける必要があります。

9番パー4のティに立った時、ここをパーで切り抜けるとエージシュートだと意識しました。池越えの第2打で力が入って、グリーンに乗ったボールがカップを10m

もオーバー。そして、ファーストパットが1・5mオーバー。これをなんとか沈めてパーを取り76歳にして76で回って、初めてのエージシュートを達成したのです。エージシュートは、シングルに返り咲くという目標に向かって努力した結果なのだと感じています。

葛原さんのもう1つの目標は、西宮CCでエージシュートをすることです。念ずれば通ず。情熱を持って挑戦し続ければ夢は叶うのです。

達人シングルが語る
ゴルフ上達の奥義

13 番ホール

高田等さん

ベニーCC（大阪府）所属、75歳、ハンディ8、
クラブ選手権優勝（2回）、エージシュート（2回）

たかだ・ひとし
1933年生まれ、身長168cm、体重80kg、高田ブラシ製造株式会社勤務、ベストハンディ3、ベストスコア68

いくら教わっても、自分が「熟《こな》さない」と身につかない

ルールの達人

高田等さんは、42歳の時、ベニーCCの発足とともに初代ハンディキャップ・競技委員長に就任し、以来、28年間にわたってクラブの公式競技を取り仕切ってきました。就任した当初は、どこへ行くにも『ゴルフ規則』を持参し赤線を引いて勉強していました。競技会の日には、分厚い『ゴルフ規則裁定集』を手元において、ルール裁定に当たっていました。時を経て「ルールの達人」と呼ばれるようになったのです。

3大競技に初めて参加して、高田さんの裁定を受けた時のことが忘れられません。ある競技会で、同伴競技者の1人が、「後ろに向かってスイングすると添え木が邪魔になるので、ボールをドロップしたい」と言うのです。マーカーのぼくは、「グリーン方向であればそのまま打てるのではないか」と意見を言いました。

結局、同伴競技者は2つのボールをプレーしたのです。ラウンド終了後、高田さんは、「動かせない障害物が邪魔になるかどうかを判断する際、スイングの方向は競技者が自由に決められる」と裁定しました。ぼくの意見は間違っていたのです。さらに、高田さんは、「マーカーは審判員ではない」と言うのです。そもそも、ぼくが自分の

ゴルフ規則
2008
SCORE CONTRO

判断を示す必要はまったくなかったのです。この時から、ぼくはゴルフ規則の勉強に真剣に取り組むようになりました。

高田さんは、2005年、ホームコースにおいて72歳で70のスコアで回り、2打の余裕をもって初めてのエージシュートを達成しました。前半を34で回って2アンダー、午後も好調が続き、15番を終えて1アンダー、これならエージシュートを達成するかもしれないと気がつきました。しかし、不思議に緊張はありません。初めての経験なので、実感が湧かなかったのです。16番でバーディをとり、17番をパーで収め、18番のティショットを打って、やっとエージシュートの実感が湧いてきました。

アマチュアの場合、75歳前後で初めてのエージシュートを達成する人が多いのです。「こんなに早く達成できるとは思わなかった」と高田さんは言います。

それからしばらくして、高田さんは、プレー中に心筋梗塞の発作が出て緊急入院し、5カ月にわたってカテーテル手術を受けました。6カ月間クラブを握ることもできなかったのです。

手術から1年が経過した昨年7月、三重県にある名阪チサンCCにおいて、74で回り、74歳にして2回目のエージシュートを達成しました。この時は、スタートの前にコンペ参加者を前にして、「今日はエージシュートをする」と宣言したのだそうです。心臓手術を克服したうえで有言実行したエージシュートには、大いなる価値があります。

今年1月、ホームコースの準公式競技である壮研会において、14番パー4まで2オーバーで来ていました。しかし、15番からの4ホールを1オーバーで回れば3回目のエージシュート達成です。3度目のエージシュートを目前にして、雪のため競技中止になったのです。これから高田さんのエージシュートの記録は続いていくことでしょう。

驚異的な上達

高田さんは、高等学校で硬式野球の正選手でした。放課後、日が暮れるまで毎日練習していました。大会前になると、毎朝6時から授業前の早朝特訓があります。大学でも野球部に所属し、ピッチャー兼外野手として東京六大学野球で活躍。体は大きいほうではありませんが長打者で鳴らしました。高田さんは握力が強く、今でも65kgもあります。

高田さんは、大学を卒業後、出身高校の野球部監督を3年間務め、その間、1000本ノックをする毎日を送りました。左手1本で、各所に散らばって守備をしている選手に向かって、様々な弾道のボールを送ることができました。真上に高く上げるキャッチャーフライも簡単に打てました。左手1本で外野まで楽に打球を送ることもできたのです。3年間、毎日のようにノックを続けることによって、打球を自由自在に操ることができるようになりました。

長く野球を続けた経験が、ゴルフの上達に大いに役に立ったと高田さんは言います。ボールを芯でとらえたり操ったりする感覚はバットもクラブも同じだからです。

25歳の時、父親が亡くなり、工業用・塗装用ブラシ製造の家業を継ぐことになります。若くして経営者になったのです。仕事に没頭する日々が続きます。31歳になり仕事にも慣れた頃、会社の顧問会計士が、「野球をやっていたのだからすぐに上手くなる」と勧めてくれたのをきっかけに、ゴルフを始めました。まだ打ち放し練習場の数が少なかったので、やっと探した練習場に通い、1万球を打ってから、初めてコースへ連れて行ってもらえました。

3年後に、大阪府にある「きさいちCC」に入会して最初にもらったハンディは24。それから5年後39歳でシングルの壁を破りました。シングルになってからの上達は凄まじいものです。月例杯でグロス68～69のスコアで回っているうちに、毎月のようにハンディが下がり、わずか1年後にハンディは4になりました。この頃は、昇り龍のような感じで、日々上手くなっている感じがしていたそうです。

シングルになってからは、ハンディを縮めることが難しくなります。1年のうちに、ハンディが9から4になるとは、寡聞にして聞いたことがありません。

高田さんは、41歳でベニーCCに入会し、その4年後、45歳でハンディは3になります。この年、クラブ選手権で優勝し、更に47歳でも2度目の優勝を飾っています。

高田さんは、65歳で会長に就任して経営の第一線を退き、年間80回ぐらいラウンドするようになりました。しかし、現役の頃は、仕事があるのでラウンドは日曜日だけでした。それでもハンディ3の腕前になれたのは、練習の量と質が半端ではなかったからです。忙しい家業の傍ら、すべての自由時間をゴルフに捧げたのです。仕事が終ってから、来る日も来る日も午後6時から9時まで、500～800球を打ったのです。練習が終ると、筋肉が硬直して、固くなった指がグリップから外れなかったと言います。

いくら練習してもまったく苦になりませんでした。高校時代の野球の練習に比べれば、止まったボールを打つぐらい楽なものだったのです。ラウンドの後も、練習場に立ち寄って200~300球を打ってスウィングを点検していました。行きつけの練習場には高田さんの指定席があり、高田さんが練習を始めると、周りから見学者が集まってきて人だかりができたのだそうです。

当時の練習場にはマットが置いてないので、土の上に置いたボールをアイアンで直接打っていました。軟鉄アイアンだったこともあり、1年でアイアンのソールが磨り減って、刻まれた文字が読めなくなりました。ボールの先の土を取るダウンブローの打ち方を身につけるために、ボールを土に掘った浅い穴に置いたり、足で踏みつけて少し土に埋めたりして打っていました。練習が過ぎて左手が腱鞘炎になってしまいました。それでも練習を続けたのです。練習を始めると体が温まって痛みが薄れます。痛みをこらえて半年間練習を続けた結果、腱鞘炎を悪化させ、1年半の間、パターも振れない状態が続いたのです。

当時のクラブの構成は、ドライバーと3番ウッド、アイアンが1番から9番まで、ウェッジが2本です。1番アイアンでさえ難しいとは感じなかったのです。この頃、高田さんは3番アイアンで220～230ヤード飛ばしていました。

高田さんをこれほどまでにゴルフに駆り立てたものは何だったのでしょうか。周囲に負けたくないという自負心です。当時はゴルフをする人は少なく、高田さんが一緒にゴルフをした人々は、廣野GC、茨木CC、鳴尾GCといった名門クラブの古参の人々だったのです。ルールやマナーにも大変厳しい人々でした。

〝日替わりメニュー〟では身につかない

きさいちCCには、所属プロが何人もいて、一緒にラウンドすることができました。プロは積極的には教えてくれません。なにか教わっても、その時は理解できないで、何年も経ってから、「あの時、あのプロが言ったことはこういうことだったのだ」と気がつくことが何度もありました。自分で精進を重ねてやっと理解できることが多いのです。いくら教わっても、「熟《こな》さない」と身につかないと高田さんは言うのです。「熟す」とは、広辞苑によると、「土などを細かく砕いてやわらかにすること」です。

それから派生して「食物を消化する」、さらに「要領を得て思うままに扱う」ことを意味するようになりました。噛み砕いて消化し、栄養として体に吸収するほど反復練習をしてはじめて「熟した」といえるのです。

練習したり、ラウンドしたりしていて、「これだ！」と開眼することがあります。高田さんは、「せっかく開眼しても、頭で理解しているだけでは意味がない」と言います。ちょっと練習しただけで、「これで完璧だ！」と思ってコースへ行くと、上手く行かないのです。そして、「これはやっぱりダメだ」とすぐに諦めて、せっかく開眼したコツを捨ててしまうのです。

こんなもったいないことを繰り返すのは、砂山をつくっては崩しているようなものだと高田さんは言います。〝日替わりメニュー〟の練習では、いつまでたっても技が身につかないのです。

ちょっと練習したぐらいで、実戦で通用するはずがないのです。高田さんは、「これだ！」というコツが見つかると、何日もかけて徹底的に練習してから、そのコツを実戦で試していました。それでもなかなか実戦では思い通りにはいきません。そこで、ラウンドの帰りに練習場に立ち寄って３００〜４００球を打ち、そのコツを復習するのです。新しいコツを一つずつ着実に身につけていくのが、時間がかかるようで早道の上達法なのです。

高田さんは、打ち放し練習場には数本のクラブしか持参しません。その時々で、集中練習するクラブを決めていたのです。

スウィングにも〝寿命〟があるようです。その場限りの「1時間もの」や、次の日までの「24時間もの」などです。高田さんは60歳になってからは打ち放し練習場に行ったことがないそうですが、それでもシングルの腕前を保っています。スウィングの基本が体の芯から身について、「一生もの」になっているからです。高田さんは、1カ月クラブを握らなくてラウンドしても、まったく平気なのです。

体が固くなってきた今でも、高田さんのアイアンの切れ味は健在です。若い頃に、腱鞘炎になるくらい土の上でボールを打ち続けて身につけた正確なアイアンの技は一生の財産になっています。話しながらでも打てるのだそうです。「熟せば忘れない」のです。

流れる川の水のように

高田さんは、「4人のなかに1人でもリズムが悪い人がいると、残りの3人が影響を受けゴルフが悪くなる」と言います。高田さんは、「上手い人と回る機会があれば、その人のリズムを観察してほしい」と言います。上手い人はいつも同じリズムでプレーしています。打つのかなと思うとまた素振りをするというような、見ている人を待たせたり、いらいらさせたりすることはありません。流れる川の水のように淀みがなく、動作に無駄がないのです。ぬかりなく準備をしておいて、順番が来れば一瞬の遅れもなく、いつもの手順でスイングを実行します。

自分のボールに向かって歩いている間に、また他の人がプレーをしている間に、フェアウェイの危険な場所やハザードの位置、グリーン上では傾斜の情報収集をしてラインを決めて、自分の番が来るとすぐにプレーに入れるようにしておくのです。

また、スタンスをとったら、さっさと打つことです。もじもじしたり、躊躇したり、思い切りが悪いのは、情報が不足しているか、判断ができていないからです。スタンスに入る前に決断をしておく必要があります。いざ構えたら何も考えずに、スイングをすればよいのです。

パットでも、スタンスをとって嫌なイメージが湧くと失敗します。嫌なイメージが湧く暇も与えず、思い切りよくパットをするのです。

43年間のゴルフ人生を振り返って、一般アマチュアに上達のアドバイスをしてほしいと頼むと、「クラブを握る機会を増やすしかない。上達は練習の積み重ねだ」という答です。「理屈では上達しない」「コースに来て、コーヒーを飲んで練習もしないでスタートするようでは、上達はおぼつかない」と続きます。

現在、高田さんの関心は、スコアよりもエチケットに向けられています。エチケットを軽んじる最近の風潮に、高田さんは心をいためています。『ゴルフ規則』の「第一章　エチケット」に「礼儀正しさとスポーツマンシップを常に示しながら洗練されたマナーで立ちふるまうべきである」と書かれています。このゴルフの精神を尊重すれば、すべての人にとって、ゴルフはもっと愉しいものになると高田さんは言うのです。

高田さんのように、エチケットを心得て、ルールに精通し、腕が立つという、3拍子そろった昔気質のゴルファーは少なくなってきました。高田さんはゴルフの精神を体現した得がたい存在です。高田さんを慕って一緒にラウンドして勉強したいという孫のような若いメンバーがいるのだそうです。高田さんの薫陶を受けた若い人々が増えていくと知って嬉しく思いました。

達人シングルが語る
ゴルフ上達の奥義

14 番ホール

松岡洋市さん

ベニーCC（大阪府）所属、71歳、ハンディ6、
1985年関西アマチュア選手権決勝進出、1991年クラブ選手権優勝、
エージシュート（2回）

まつおか・よういち
1937年山口県生まれ、身長164cm、体重70kg、松岡建設株式会社勤務、ベストハンディ2、ベストスコア69

練習は250球、
最初の150球は肩慣らし、
あとの100球が本当の練習

正月以外は練習場に皆勤

松岡洋市さんは、1969年、松岡建設株式会社を創業します。それから39年、会社は今では戸建分譲住宅や注文建築を手がける中堅企業に育っています。社長の職は息子に譲ったとはいえ、松岡さんは会長として今も経営の指揮を執っています。

「オーナー経営者であれば、時間とお金が自由になるのだから上手くなるのは当たり前」と思っていたのですが、ぼくのカン違いでした。よく考えてみれば、経営の指揮を執るオーナー経営者が、ゴルフにかまけて仕事をおろそかにしているようでは、会社を繁栄させることはできません。松岡さんは経営に腕を振るう一方で、すべての余暇をゴルフに注ぎ込んで達人になったのです。

松岡さんは、70歳になった今もハンディ6を維持しています。軽やかなスイングでよく飛ばし、アプローチやパットも巧みなのです。まったく年齢を感じさせません。

クラブにもこだわって、新しいクラブをいつも試しています。あるゴルフ工房で、何本ものオリジナルシャフトを試したあげくに、自分専用のカーボンシャフトを特注してしまったくらいです。

松岡さんは、35歳の時、顧問税理士から何か運動をしたほうがよいとゴルフを勧められ、新品のゴルフセットを購入しました。練習をする間もなく、いきなりコースへ連れて行かれ、無謀にもコンペに参加したのです。空振り、チョロ、ソケットが続き、散々な結果に終わりました。

負けず嫌いの松岡さんは、恥をかいたのが悔しくて、発奮して猛練習を開始。毎日、仕事を終え夕食を済ませてから、打ち放し練習場に通うようになりました。元旦に休むだけで練習場に皆勤したのです。ラウンドは仕事があるので週1回ぐらいでした。それでも練習の甲斐あって、ゴルフを始めて7年後、42歳でシングルの壁を破りました。

その頃、松岡さんが所属していた亀岡CCの上級者の目標は、関西アマチュアゴルフ選手権に出場することでした。出場資格はハンディ6。出場権を得ることを合言葉にして精進を続けた結果、シングルになって4年後、46歳でハンディ4の片手シングルになったのです。さらに48歳で関西アマチュアゴルフ選手権の予選を突破して決勝競技へ出場しました。

その後、50歳でベニーCCに入会し、4年後にクラブ選手権で優勝。さらに55歳でベストハンディ2になりました。60歳の時、理事長杯でも優勝しています。

松岡さんを駆り立てたのは、「恥ずかしくないゴルフをしたい」という思いでした。負けず嫌いの松岡さんにとって、初めてのゴルフで大恥をかいたのは忘れられない記憶だったのです。

とっておきの上達法を教えてほしいと頼むと、「努力するしかない」ときっぱり一言。「自分だってゴルフの才能があったわけではない。才能はなくてもハンディ2になれた」と続きます。松岡さんは、決して体格に恵まれているわけではありません。若い頃、他のスポーツをしていたわけでもないのです。それでもハンディ2になれたのは、努力以外の何ものでもないと松岡さんは言います。あまりの熱中ぶりに奥様からあきれられたことがあると明かしてくれました。

松岡さんは、練習に行くと250球ぐらいを打ちます。最初の150球の後から、ようやく芯で捉えることができるそうです。150球までは、いわばウォーミングアップで、151球目からが本当の練習なのです。そこからの100球を真剣に集中して練習することによって上手くなれるのです。

松岡さんが10年間、毎日欠かさず続けてきたことがあります。早朝、仕事前に2km

ほどランニングすることです。さすがに最近では、走るのはきついので、５㎞の散歩に切り替えました。また、ゴルフでは乗用カートに乗らずに歩くようにしています。いつも安定したスコアで回るためには、下半身の鍛錬が必須だと信じているからです。「基本をコースで練習するのが大事だ」と松岡さんは言います。練習場ではできても、コースへ出るとできない基本が多々あります。例えば、体重移動がその1つです。インパクトの後、左足へ体重を乗せていくと、10ヤードは飛距離が違うそうです。歳をとるとどうしても距離が落ちます。それを補うためには、体重移動が大切なのです。しかし、練習場では無意識にできるのに、コースへ出るとできない日があるのだそうです。

これはぼくがいつも体験していることです。前日の練習では完璧にできた体重移動が、なぜか翌日の1番ホールではできなくなって、擦り球になってしまうのです。こんな日は、午前中はずっと貧弱なショットが続き、午後になってやっと体重移動ができるようになります。しかし、ラウンドはもう終盤で手遅れです。そして、次の日、練習場へ行くと、不思議にちゃんと体重移動できるのです。練習場では体重移動を意識しています。しかし、コースに出ると、様々なことを意識します。すると体重移動への意識が薄れてしまうのです。

その意味で、「練習した直後に9ホールをラウンドするのが上達の近道だ」と松岡さんは言います。午前中に練習してできるようになったことを、すぐにコースに行って試してみるのです。そう言えば、昼過ぎにコースに一人でやって来た松岡さんが、キャディバッグをカートに積み込んでいるところを何回か目撃したことがあります。松岡さんはホームコースまで20分のところに住んでいます。何とも羨ましい練習環境です。

半年でアイアンの刻印が読めなくなった

松岡さんがゴルフを始めた頃の練習ぶりを知ってびっくり！　その頃、打ち放し練習場にはマットが置いてありませんでした。地面の上から直接ボールを打ったのです。地面に線を引いて、その線の手前にボールを置きます。ボールの先にある線をフェースの刃先で削って消すように打つ練習を、毎日1～2時間続けたのです。

練習に使っていた軟鉄の7番アイアンとＰＷのソールの刻印が、地面との摩擦で磨

AM
PM

り減って、半年で読めなくなったのです。アイアンを半年ごとに買い換える必要がありました。「松岡さんのアイアンはきれいにヤスリで磨かれていますね」とキャディにいつも感心されたのです。

ぼくがゴルフを始めた頃、上級者の会社の先輩から、「アイアン上手になるためには、土の上に置いたボールを打つ練習が一番」と言われたことがあります。その忠告をまともに受け止め、地面の上から打てる打ち放し練習場にしばらく通いました。しかし、土の上に置いたボールを打つのは大変難しく、短いアイアンでも、ダフったりトップしたりします。ミスショットばかり続くとつらいので、すぐに止めてしまいました。ぼくが辛くてすぐに投げ出した練習を、松岡さんは5年間も続けたのです。

7〜8年前に、ベニーCCで松岡さんと同じ組でラウンドした時のことです。18番パー4で、松岡さんの第2打はグリーンを5ヤードほどオーバー。その辺りはホールアウト後の通り道になっているので、芝が剥げて土が見えています。松岡さんはヘッドが赤銅色のウェッジを取り出し、2回ほど慎重に素振りして、躊躇なく土の上にあるボールを打ちました。ボールはふわりと上がってカップのすぐそばに着地。難なくパーセーブです。

「なんと正確なスイングをする人だろう！」と妙技に感嘆し、どんなクラブを使ったのか見せてもらうと、「ピンアイ2」のロフト角60度のLWでした。LWはフェースが寝ているため、フェースを寸分の狂いなくボールと地面の間に入れる必要があります。今から思えば、毎日のように土の上に置いたボールを打つ練習をしていた松岡さんにとって、あれはなんでもないショットだったのです。

長寿のゴルフを愉しみたい

２００１年8月18日付の日本経済新聞に、『〝怪物シニア〟２５３回達成』との見出しで、エージシュートを続ける二宮亮さんを紹介する記事が掲載されました。二宮さんは18番ホールで登場します。この記事を読んだ松岡さんは、ある日、ぼくとのラウンド中に、「お宅の会社には凄い人がいるね」と言って、二宮さんのことを話題にしました。松岡さんは、その記事を切り抜いて机の引き出しに入れて時々読み直していると話してくれました。それからしばらくして、松岡さんは、研修会の優勝スピーチで、二宮さんが紹介された記事を引用しながら、「80歳までシングルを維持する」と宣言したのです。

二宮さんに触発され、松岡さんは自分もエージシュートをしたいと思うようになりました。それから3年、67歳の時、松岡さんは早くもエージシュートに手を掛けたのです。17番ホールまで5アンダーで来ていました。最終ホールをパーで切り抜ければエージシュート達成です。しかし、同伴者が、「このままで行くとエージシュートだね」と言った途端、18番のティショットをダフってしまいました。結局、グロス69で、エージシュートに2打届きませんでした。60台でエージシュートを達成するアマチュアは稀です。惜しいチャンスを逃しました。

その3年後、2007年3月、ホームコースでのフルバックからのラウンドが好調で、前半を1アンダーの35で折り返しました。午後に入り、11番パー5でバーディをとって2アンダー、その後もパーが続きます。15番を終えたところで、同伴者の1人から「このままパーで行けばエージシュートだね」との声が出て、少し騒然とした雰囲気です。しかし、3年前と違って平静でした。気分も乗って体も不思議と滑らかに動き、周りの雑音も耳に入らなかったのです。いわゆる〝ゾーン〟に入っていました。難しい上がり2ホールを難なくパーで切り抜けて、後半も35で回ったのです。70歳にして70で回ってエージシュート達成です。「ああ、やってしまった」という感じです。さらに1カ月後の4月、所属しているもう一つのクラブ、高槻GCにおいて70で回り、難なく2回目のエージシュートを達成したのです。松岡さんは、まさか70歳でエージシュートを達成できるとは思ってもいませんでした。73歳ぐらいだろうと思っていたのです。

2回のエージシュートを体験してみて、松岡さんは「エージシュートは狙って達成するものではない、結果だ」と言います。健康を維持して精進していれば、ある日いつのまにか達成できるのです。

2回目のエージシュートの後、高槻CCのシニアクラブ選手権で優勝しました。予選を通過した後、マッチプレーで60代の強者と戦いながら、1回戦、準決勝、決勝を勝ち上がっての優勝です。その後、11月には10回もラウンドして、月末に胃腸の調子がおかしくなり、それでも12月に入ってゴルフを続けた結局、ついに体調不良で倒れてしまいました。看病する奥様が見るに見かねて、「ゴルフは健康第一、スコアは第二」と書いて壁に貼ったのだそうです。

体調を崩してゴルフができなくなったのは初めての経験です。結局、2カ月近くクラブを握りませんでした。70歳まで続けてきた競技会で勝つことを目指したゴルフを止めて、自然体でゴルフを愉しむようにしようと決心したのです。70歳にしての大きな方向転換でした。

松岡さんは、飲酒を節制し、食事に注意を払い、ウォーキングを続け、ゴルフの精進を続けてきました。「いつまでもゴルフを愉しみたい」という気持ちが人一倍強いからです。松岡さんの今後の目標は、80歳までハンディ9を、さらに90歳までハンディ28を維持することです。ギネスブックに載るぐらいの「長寿のゴルフ」を愉しみたいのです。

達人シングルが語る
ゴルフ上達の奥義

15 番ホール

村上雄二さん

田辺CC（京都府）所属、77歳、ハンディ4、
1998年日本ミッドシニア選手権3位、2004年日本グランドシニア選手権10位、
クラブ選手権優勝（14回）、エージシュート（2回）

むらかみ・ゆうじ
1931年大阪府生まれ、身長168cm、体重64kg、元株式会社村上製作所勤務、ベストハンディ1、ベストスコア69

鉄は使うな、木を使え。
金は使うな、気を使え

36年にわたってクラブ選手権で優勝

村上雄二さんは、1960年（昭和35年）、開場したばかりの田辺CCに入会し、以来、47年にわたってクラブ選手権に出場してきました。1967年に35歳で初優勝して以来、実に14回、クラブ選手権を制覇しています。準優勝も12回に及びます。しかも、30代で3回、40代で4回、50代で4回、60代で1回、70代で2回というように、36年の長きにわたってクラブ選手権で優勝を飾っているのです。70歳と71歳では連覇です。まさに〝怪物〟の名にふさわしい戦績です。

村上さんは、大学を卒業するとともに、父親が創業したタバコ製造機と送風機を製造する村上製作所に就職します。26歳の時、父親の勧めでゴルフを始めました。初ラウンドのスコアは150。この初ラウンドでゴルフの魅力にとりつかれ、真剣に取り組んで頂点を目指そうと決心したのです。こうして、週2回、仕事のあとで打ち放し練習場に行って400球を打つようになりました。

練習場で上手い人を見つけると、後ろに立ってじっと観察します。そして「上手いですね！」と声をかけて、コツを教えてもらったのだそうです。嫌がる人はいませんでした。村上さんの人柄がなせる技でしょう。

27歳で兵庫県にある花屋敷GCに入会してもらったハンディは36。猛練習を続けた甲斐あって、6年後、32歳で田辺CCにおいてハンディ9となりました。それからも、毎年1つハンディを縮める快進撃が続きます。

39歳で父親の跡を継いで社長に就任してからも着実な上達は続き、46歳でハンディ1となりました。頂点を目指すと決心してから20年後のことです。この経験から、「何事もはっきりした目標を持たないと成就しない」と村上さんは言うのです。

ハンディ1を長く保った後、64歳でハンディは8にまで落ちます。村上さんはそこから盛り返して、70歳で、ハンディ1に返り咲いたのです。この復活を支えたのが、後述するショートウッドの導入でした。66歳で監査役を退いて44年間の会社人生に終止符を打ち、一層ゴルフに情熱を注ぐようになったことも復活劇の背景です。

7本の特製ウッドを操る

ぼくのホームコースの研修会の一員、加藤義行さんは、田辺CCにも所属しています。61歳の加藤さんは、田辺CCの2003年のクラブ選手権で、72歳の村上さんと対戦しました。フルバックから回るとパーオンすることが難しい長い打ち上げのホールで、村上さんは、100ヤード以下の第3打を、ショートウッドを使って、ピタッピタッと寄せてくるのだそうです。大変なプレッシャーでした。加藤さんは、途中で早くも4ダウンとなり、なんとか17番で1ダウンまで盛り返したのですが、結局、2ダウンで破れたのです。

村上さんは、徹底した道具の工夫で、70歳を過ぎてからも、クラブチャンピオンの腕前を維持しているのです。丁度この頃、ぼくも11番ウッドを導入したところでした。村上さんがどんな道具を使っているのか興味が募ります。ぜひ一度会いたいと思うようになり、2004年8月、ぼくのホームコースにお招きしたのです。

お会いした村上さんは、かくしゃくたるスーパー・グランドシニア！ 気力に溢れ、とても72歳には見えません。週1回ジムに行って筋トレを欠かさないお蔭で、体を前に曲げると手のひらが楽に床に付きます。

「鉄（カネ）は使うな、木（気）を使え！」と駄洒落を飛ばす愉快な〝オッちゃん〟でした。ハンディ1とか、クラブチャンピオンだと聞いて思い浮かべるような、偉そうなところは微塵もありません。

村上さんのクラブ構成は、話に聞いていたより進化して、アイアンはウェッジ6本だけでウッドが7本です。村上さんのクラブ構成は下記の通りです（カッコ内はロフト角）。

ドライバー（12・5度）
5番ウッド（20度）
7番ウッド（24度）
9番ウッド（28度）
11番ウッド（32度）
12番ウッド（36度）
13番ウッド（40度）
PW（44度）
AW（49度）
LW（56度）
LW（60度）

LW（64度）
LW（68度）

村上さんの真骨頂は、既成の枠にとらわれないで、ボールが上りやすいショートウッドを多用していることです。フェアウェイウッドは、ボールが上りにくい3番を抜いて5番からです。また、すべてのフェアウェイウッドのロフトを寝かしてあります。例えば、11番ウッドの一般的なロフト角は26度ですが、村上さんの11番ウッドは32度もあります。13番ウッドに至っては40度もあるのです。これは9番アイアンのロフト角に相当します。

ドライバーのロフト角は12・5度です。一般的な感覚ではボールが吹き上がるような気がします。しかし村上さんは意図的にロフト角を大きくしているのです。村上さんは、「ロフト角が大きいと、芯をはずしたときのミスを軽減してくれる」と言うのです。

また、「アイアンよりウッドのほうが断然やさしい」と言います。ウッドは打ち込まなくても球が上がり、しかもミスに対する許容度が大きいからです。いかに低重心アイアンとはいえ、アイアンはある程度打ち込む必要があります。しかし、ウッドは

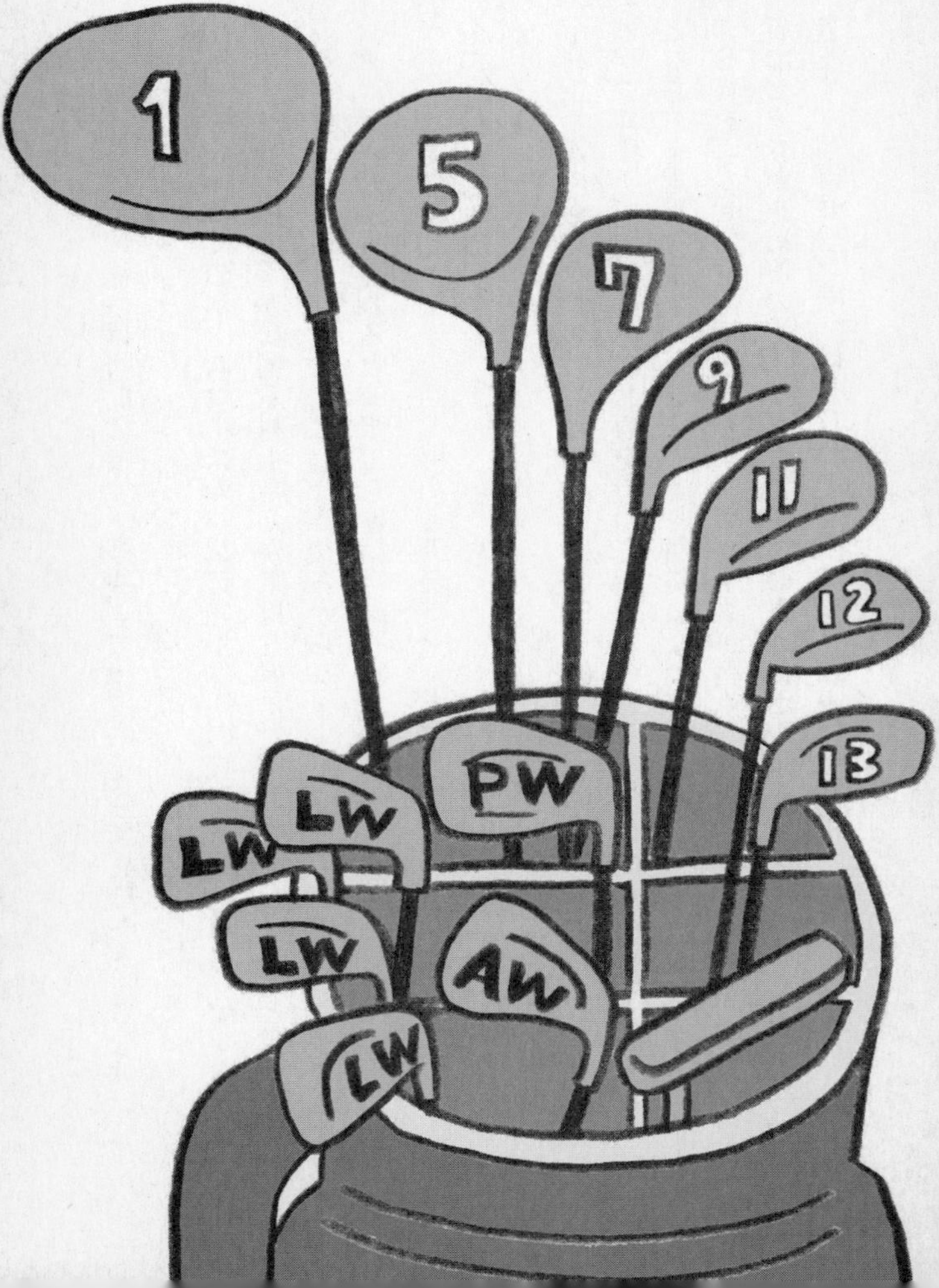
1
5
7
9
11
12
13
LW
LW
PW
LW
AW
LW

地面を掃くように振ればよいのです。多少ダフってもそこそこ飛んでくれます。

村上さんのヘッドスピードは41m/sぐらい、ドライバーの飛距離は220～230ヤードです。ぼくのホームコースのハンディ1～4の腕自慢は、260ヤードは飛ばします。飛距離で遥かに劣る村上さんが飛ばし屋に対抗できるのは、何と言っても道具の工夫と、その使いこなしなのです。後ろからショートウッドを巧みに使ってピタッと寄せて来られると、飛ばし屋は自滅してしまうのです。

4本のロブウェッジ

村上さんのもう一つの特技は、ロフト角56、60、64、68度の4本のLWを使い分けるアプローチです。4本のLWを持ってボールのところへ行き、状況に応じてクラブと打ち方を選択します。ピンまで上り傾斜になっていれば、ボールを右に置いて56度のSWをかぶせて構え転がします。グリーンが固くて速い時は、64～68度のLWで上げてピタリと止めるのです。まるで魔法のようにボールがカップへ向かって寄っていきます。〝寄せワン率〟は100％に限りなく近いのです。

村上さんは、ぼくの課題は寄せの技術を磨くことだと指摘し、一つの技を伝授してくれました。ロフトのあるウェッジを使って、ボールを右足の前に置いて、極端にハンドファーストにして、スピンのかかった低いボールを打つのです。やってみると打ち方はそれほど難しくはありません。

ぼくは、転がしには8番アイアンを使っています。慣れたホームコースでは、転がりを予測できるので問題はありません。しかし、知らないコースへ行った時が問題です。8番アイアンでは、グリーンの固さと速さによって転がりが大きく変化するため、距離が合わないことが多いのです。距離が合ってくる頃にはラウンドは終りに近づいています。このスピンをかけたランニングアプローチは、コントロールが効いているので、グリーンの速さに余り影響を受けない利点があります。またミスしたとしても、まずまずのところに寄っていくのです。

「アプローチを磨けばまだまだハンディを下げられる、ハンディ5以下も狙える」と励ましてもらいました。

10年先を考えて

「歩幅を広く取ったほうが安定して体がよく回る」と村上さんは言います。ドライバーでは歩幅が広いほうが、体重移動がしやすいそうです。ぼくは短いアプローチでは両足を揃えて立っていました。村上さんは、「そんなプロの真似はやめたほうがよい」と断言します。アマチュアはどんな小さいショットでも両足は広げたほうが安定すると言うのです。やってみるとその通りでした。

もう一つ、グリップエンドを数cm残して短かく握るようにとの助言がありました。クラブは、端を少し残してグリップする前提で設計されているのだそうです。また、短く持つとスイングが安定するそうです。26歳でゴルフを始めて以来46年間、様々に工夫をしながら修練を積んできた村上さんの言葉は説得力があります。

村上さんから、「現在使っているクラブで10年後もプレーできる自信があるか」と訊かれました。10年後のことなど考えたこともありません。とても「イエス」と答える自信もありません。村上さんはさらに追い討ちをかけてきます。「70歳になって、谷越えの厳しいホールでロングアイアンを使っている自分をイメージできるか」と訊くのです。もちろんぼくの答えは「ノー」です。

5年ぐらい前までは、ぼくは4番アイアンが結構得意でした。3番アイアンも練習していたくらいです。しかし、次第に長いアイアンが打てなくなり、その代わりにフェアウェイウッドを増やしてきました。55歳で9番ウッドを入れ、57歳で4番アイアンを抜いて11番ウッドを入れました。この5年間のぼくのクラブ構成の変化からすれば、10年後には、さらに劇的な変化が起きていても決しておかしくありません。

「目標を持って、10年先を考えてゴルフをするように」という助言がありました。10年先を考えて、道具を進化させていく必要があるのです。

長寿のゴルフはまず道具から

ラウンドを終えて帰宅する途上、村上さんが使っている特製ウッドを製作している「森田ゴルフ」へ連れて行ってもらいました。ロフト角が30～40度もあるショートウッドは手作りなのです。

フェアウェイウッドを試打しました。シャフトは38gと大変軽く、シャローフェース（フェースが横長で上下が狭い）が特徴です。これは村上さんの「シャローフェースは球が上がるのでやさしい」という考えに基づいています。ぼくの使っているウッドより約20ｇ軽く作られています。現状のぼくのクラブ構成とは余りにも仕様が違うので、1本だけ試しに導入するわけには行きません。もし導入するとすれば、すべてのウッドを森田ゴルフ製にする必要があります。そこまでの決心ができなくて、もう少し考えてみることにしました。

ぼくは、11番ウッドを導入して以来、このままフェアウェイウッドを多用するゴルフに踏み込んで行ってよいのか、正直迷っていました。「ロングアイアンを使いこなすのが上級者だ」という考えが頭の片隅にあったのです。しかし、村上さんのゴルフに接してみて、この迷いは吹っ飛んでしまいました。ぼくが踏み込んだ「ウッドの世界」は間違っていなかったのです。

充実した1日でした。10年先を考える機会にもなり、具体的な目標も立ち、技を教わり刺激を受けました。これからますますウッドとアプローチに磨きをかけ、飛ばし屋を脅かす〝いやらしいゴルフ〟をしようと決心したのです。

ヒトは道具を使うことで他の動物から区別されます。道具を発明することによってヒトだけが他の動物とは比較にならないくらい進化してきたのです。ゴルフは数あるスポーツの中でも「道具を使う」という意味では抜きんでています。ゴルフの選手寿命は長いのは道具を使うからです。村上さんが、70歳を過ぎてクラブチャンピオンになれたのも、道具の工夫のお蔭です。村上さんを見習って、自分の能力を最大限に生かせるゴルフクラブを使えば、もっと楽に上達し、いつまでもゴルフを愉しめるのです。長寿のゴルフはまず道具からなのです。

このスイングなら90代でもプレーできる

今年になって、村上さんがエージシュートを達成したという風の便りがありました。そこで連絡をとって、村上さんが行きつけにしている打ち放し練習場を訪ねました。3年半ぶりの再会です。77歳になった村上さんのハンディは4。昨年までハンディ2を保っていたそうです。

２００6年10月、ホームコースの研修会で74のスコアで回り、74歳にして初めてのエージシュートを達成したそうです。さらに、２００7年5月、奈良県にあるディアーパークCCで開催された関西グランドシニア選手権予選競技においてグロス73で回り、75歳にして2打の余裕をもって2回目のエージシュートを達成したのです。村上さんは、エージシュートに関しては自然体です。精進してさえいれば、これからも無理なくエージシュートを重ねていくことができると考えているのです。

村上さんのクラブ構成は3年半前と変わっていません。ただ13番ウッドを抜いて、9番アイアンを戻しています。練習ぶりを見学すると、実に几帳面なのです。280球のクラブ別の内訳が手帳に書いてあります。ドライバー30球、フェアウェイウッドがそれぞれ26球、9番アイアンとPW、AWがそれぞれ16球、4本のLWで74球です。フェアウェイウッドの球数が多いのが目を引きます。

まず、フェアウェイウッドの練習から始め、ドライバーに移って、次に9番アイアン、PW、AWです。体が十分に暖まり柔らかくなってから4本のLWを練習します。LWの練習に重点を置いているのです。

特定のクラブに偏らず満遍なく練習することが大切なのだそうです。不得意なクラブをつくらないためです。

ロフト角36度の12番ウッドから練習を始めます。26個のボールをマットの上に2列に並べておいて、1球ごとに目標に向かって構え直して打っています。本当に軽く振っていて、どこにも無駄な力が入っていないのが一目瞭然。ロフトがボールを上げてくれるので強く打つ必要がないのです。140ヤードの目標に向かって高い弾道のボールが真っ直ぐ出ます。

ストレートボールだけを繰り返し打っています。曲げる練習は無駄なのだそうです。「前の木が邪魔になったときはどうするのか」と尋ねると、「そんなところへは打たなければよい」と一言。返す言葉がありません。

ボールが時々左右に散らばります。しかし、「どうせ寄せるのだから」と屈託がありません。「グリーンのそばへ運んで置けばよい」と考えているので、気楽に打てるのです。アプローチとパットに大いなる自信があるからできることです。

高いボールと低いボールの打ち分けは必須なのだそうです。向かい風で低いボールを打つ必要があるからです。低いボールはフェースの下のほうで打つだけだそうです。ドライバーに持ち替えても、スイングのリズムは変わりません。軽く振って230ヤードは飛んでいます。高いボールと低いボールを自在に打ち分けて見せてくれます。

そして最後は、LWの練習です。ロフト角68度のLWのフェースは天を向いているかのようです。フルショットでも30ヤードしか飛びません。村上さんがこのLWを軽く振るとボールは柔らかくふわっと上昇します。「この柔らかいボールでピンにぴったり寄せると皆びっくりする」と言って、いたずらっ子のように笑っています。２回目のエージシュートの時、９回１パットを決め、27パットでした。いつも30パットまでに留めるようにしているのだそうです。

アプローチとパットを徹底的に磨けば、無理に2オンさせる必要がなくなります。ドライバーも軽く振っておけばよいのです。スイングで体に無理をさせる必要がないので体を壊さないで済むのです。「このスイングであれば90代になってもしっかりプレーできる」と村上さんは自信たっぷりです。

77歳の静かな闘志

村上さんは、日本グランドシニア選手権に照準を当てています。２００４年、名古屋CC和合コースで開かれた日本グランドシニア選手権決勝に出場して10位でした。しかし、２００５~２００7年は、関西グランドシニア選手権の決勝で上位10人に残れず、全国大会へ駒を進められませんでした。今年こそは全国大会での上位入賞を目指しています。

そのため、毎週3回、各回280球、週840球の練習を自分に課すようになりました。5月に関西グランドシニア選手権の予選、6月に同決勝、11月に日本グランドシニア選手権があります。11月までに3万球を打つのだそうです。

村上さんは、高校時代、硬式野球の正選手でした。毎日のように猛練習する日々が2年間続いたのです。毎日500球のノックの嵐です。ボールをトンネルするとまた最初からやり直しです。ボールを体で止めるので体中傷だらけだったのです。その時の練習からすれば、ゴルフの練習は楽なもので、500球を打っても平気なのです。

毎週金曜日は、「村上塾」の日です。自分が練習する前に、村上さんを慕う10人ぐらいの定年退職したアマチュアを指導しているのです。この日集まっている生徒のクラブを見ると、特性のフェアウェイウッドとLWを組み込んだ村上流です。飛ばなくなってゴルフをやめようと思っていたのが、村上塾に通うようになって、また意欲が湧いてきたのだそうです。2年以内に少なくとも2人をシングルにするのだと村上さんは張り切っています。

先日の研修会のラウンドでのスコアを尋ねられたので、前半45、後半41だったと答えました。すると、スコアはよくないのに、よく頑張ったと誉めるのです。後半のほうがスコアがよいのは、〝メンタル〟が強いからだそうです。村上さんは、前半のスコアが悪い時は、「昼からは俺のゴルフだ！」と思うのです。

村上さんは、20年ほど前に、「ゴルフは7割がメンタル、3割が技術」というジャック・ニクラウスの言葉を本で見つけ座右の銘にしてきました。それ以来、空振りしても、ニコッとするようにしているそうです。ミスをして頭に血がのぼるとガタガタになります。「ニコッとすると、ボールが喜んで飛んで行く」のだそうです。笑顔で上手くなれるのです。

グランドシニア選手権の出場資格は70歳以上です。今年77歳になる村上さんは、7歳年下の選手と競うのです。それでも「今年は必ず優勝する」と宣言する村上さんの静かな闘志に圧倒されました。「これからは年齢を言い訳にするわけにはいかない」「もっとアプローチの腕を磨こう」と自分に言い聞かせながら練習場を後にしました。

Column コラム

エージシュートは金字塔

自分の年齢以下のスコアを出すエージシュートは、ゴルファーの夢です。「72」という数字が絶妙なのです。ゴルフの歴史のいたずらで、18ホールのパーの合計が62だったとすれば、62歳でパープレーすればよいのですから、エージシュートは比較的簡単です。もし82であったとすれば、エージシュートの達成は超人でなければ不可能でしょう。

エージシュートを達成するためには、まずは心身共に健やかに歳を重ねる必要があります。体力の低下を緩やかにするため、常日頃の体の手入れが欠かせません。衰える体力に合わせて道具を工夫することも必要です。ショートゲームやパットに磨きをかける必要もあります。

エージシュートの〝ハードル〟は、毎年1つずつ確実に下がっていきます。年齢が助けてくれるのです。エージシュートの実現は、「ハードルが下がって行くのに合わせて、どれだけ体力や腕前が衰えないように踏ん張れるか」にかかっています。エージシュートは抗加齢（アンチエイジング）の偉大な成果であり、健康で元気な長寿の象徴なのです。

プロたちのエージシュートの記録を見てみましょう。まず、米国シニアツアーのウォルター・モーガンが２００２年のＡＴ&ＴカナダシニアオープンNo選手権で、61歳で60のスコアで回ったのが最年少記録です。

日本プロゴルフ協会の公式記録によると、１９６１年から２００４年に至る44年の間に、１５２回のエージシュートが記録されています。現存しているエージシュート最年少記録は、中村寅吉プロが、１９６１年、鳳凰ＧＣで開かれた関東プロシニア選手権で、65歳で65のスコアで回ったものです。

２００７年10月28日、熊本県のくまもと中央ＣＣで開催された日本シニアオープン選手権で、46年ぶりに、最年少エージシュートのタイ記録が生まれました。最終日、首位と6打差の5位タイでスタートした青木功プロが、通算12アンダー、２７６のスコアで、シニアツアー最年長の逆転優勝を飾りました。最終日のスコアは65。65歳の青木プロにとっては初めての公式戦のエージシュート達成です。しかも、メジャーの最終日でのエージシュートには大きな価値があります。

テレビのインタビューに答えて、青木プロが、「9月に（プライベートで）自分の設計したコースで61というスコアが出たので、公式戦でも65で回りたいと思っていた。こんな男冥利に尽きることはない」と話しています。「中村寅吉さんが65歳でやっている。仲間入りができたのが嬉しいね」と続きます。

60代でエージシュートを達成するのは、プロでなければ達成は困難です。アマチュアのエージシュートは、70歳から徐々に回数が増え始め、74歳から79歳の6年間にピークに達します。プロといえども80歳を越えると回数が激減し、プロの最年長エージシュートは85歳です。

『ギネス世界記録２００７』（ポプラ社）には、「ゴルファーが自分の年齢以下のスコアを出した最多記録」という項目があります。これによると、１９１９年8月31日生まれの米国人カーミット・ダンネルさんが73～86歳の14年間に出した９３０回が最多記録です。

70代中頃で、最初のエージシュートを達成する方が多いようですが、そのためには、まず75前後のスコアを出せる実力が必要です。ハンディ9のぼくでも年に1～2回は出せるスコアですが、それを70歳の半ばで実現しなければいけないのです。今のぼくには10年後に74のスコアで回る自信はありません。

「エージシュートの軌跡概念図」を参照ください。横軸が年齢、縦軸が年間ベストスコア（実力）です。二宮亮さんは、64歳で頂点を迎えたあと、体力の低下とともに実力は緩やかに落ちて行き、エージシュート線と72歳で交わったのです。その後は、ラウンドするごとにエージシュートを達成していました。頂点が高かったこと、実力の低下が緩やかであったことが、二宮さんが18年間にわたってエージシュートを続けた理由です。

坂井泰さんは、65歳で一度頂点を迎えて頭打ちになり、再度盛り返して更なる頂点へ向かう途上、73歳でエージシュートを達成しました。77歳での生涯ベストスコアは常人にできる技ではありません。坂井さんのエージシュートはこれから長く続くことでしょう。

佐々木眞さんは、52歳で頂点を迎えたあと、ゴルフの機会が減りハンディは23まで落ちます。普通なら加齢とともに実力は落ち続け、エージシュートを達成することはできなかったことでしょう。しかし、佐々木さんは、80歳から盛り返してまた上手くなり、82歳にしてエージシュートを達成したのです。それから15年間にもわたってエージシュートを続けました。

エージシュートを達成するためには、健康を保つだけでなく、頂点を過ぎてから実力を維持するために大いなる精進が必要です。だからこそエージシュートは金字塔なのです。

エージシュートの軌跡概念図

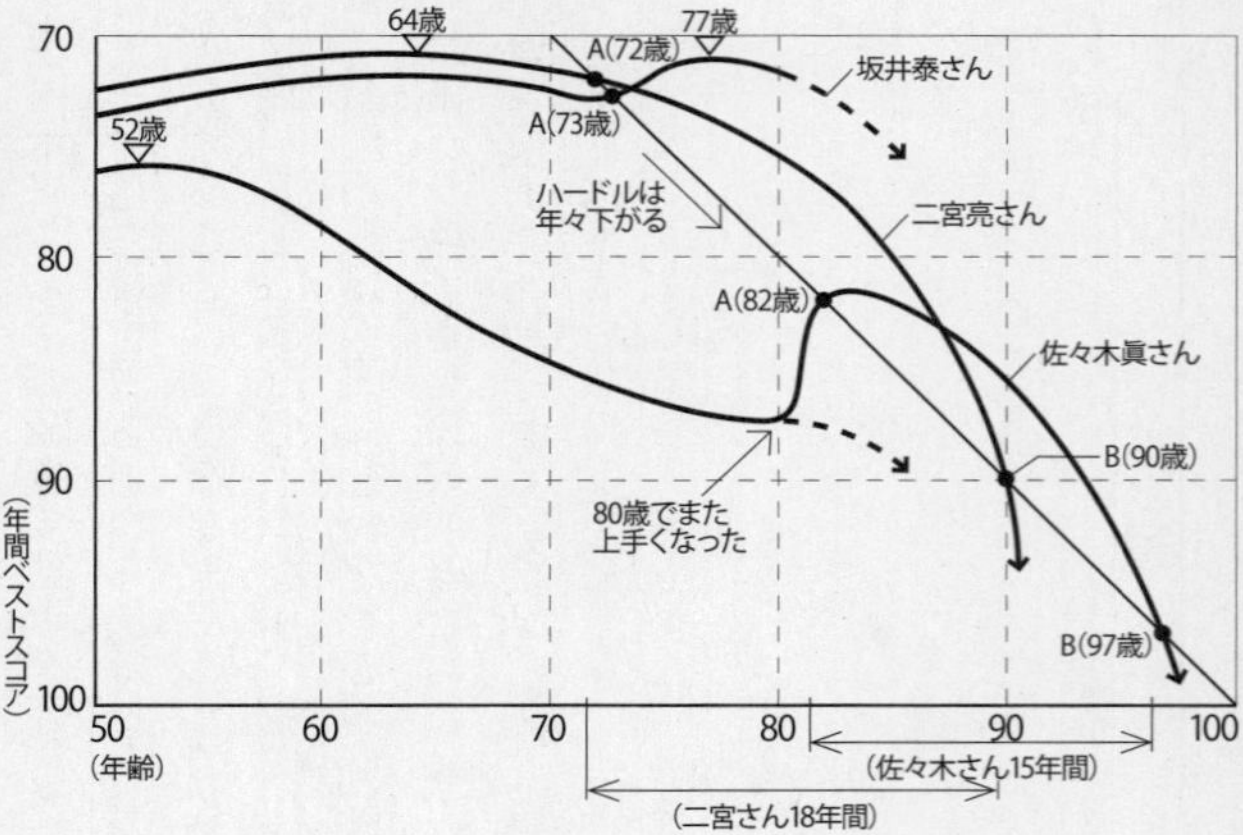

▽：頂点

A ：最初のエージシュート

B ：最後のエージシュート

注）坂井泰さんは記録更新の可能性あり

達人シングルが語る
ゴルフ上達の奥義

16番ホール

坂井泰さん

三田GC（兵庫県）所属、80歳、ハンディ7、エージシュート（18回）

さかい・やすし
1928年兵庫県生まれ、身長156cm、体重57kg、元三菱電機株式会社勤務、ベストハンディ5、ベストスコア71

スイング軌道を常時点検し、正しいスイングを素振りで体に言い聞かせる

30年にわたってシングル

坂井さんは、戦後まもない1948年に三菱電機株式会社に入社しました。高度成長期には、製鉄会社に収めるモーターや自動制御器などを扱う花形部門に所属し、営業活動で多忙を極める毎日でした。1985年、57歳の時に子会社に移籍し、引退したのは1994年、66歳の時です。実に46年間の充実したサラリーマン生活でした。

坂井さんは39歳になった頃、仕事の付き合いからゴルフを始め、3年後に早くも30台のスコアが出ました。急速に上達したのは、ゴルフを始めてすぐに、「スコアを出す鍵はアプローチとパットだ」と気づいてPW1本だけを持って、週2回、打ち放し練習場に通ったからです。

坂井さんは、PWの反復練習でスイングの基本を身に付け、次第に長いクラブに移って行くのが上達の早道だと言います。ドライバーを握るのはかなり上達してからのほうがよいのです。しかし、単調なショートアイアンの練習に励む人はあまり見かけません。レッスンでも、初心者にショートアイアンでの練習を勧めることはないようです。

坂井さんはゴルフを始めて6年後、45歳で大阪GCの法人会員となり、初めてもらったハンディは11。働き盛りの40台の後半、多忙な勤務の傍ら毎年1つずつハンディを縮めて、47歳でハンディ9となりました。仕事の付き合いゴルフだけでも確実に上達したのです。それ以来、坂井さんは30年にわたってシングルの腕前を保っています。

ぼくは、何人かの高齢の上級者から、「一番充実したゴルフをしていたのは65歳前後だった」と聞きました。体力的にまだ余力がある60歳前半に、定年退職して練習量とラウンド数が増えると、顕著に上達できるのです。

坂井さんも、65歳でハンディ6となって頭打ちになり、ハンディは増え始めたのです。73歳で初めてエージシュートを達成した時のハンディは8でした。しかし、驚くことに、エージシュートを励みにして、坂井さんは再び上達の階段を上り始めたのです。そこから、毎年1つハンディを縮め、77歳で生涯ベストのハンディ5になりました。坂井さんの頂点は、65歳どころか77歳だったのです！

74歳から上達するだけでも難しいことです。いわんや、77歳で片手シングルになることがいかに難しいか、ぼくの想像を絶しています。

エージシュート量産中

坂井さんは、50歳の頃、会社の大先輩が、「68～69歳でエージシュートを達成する」と公言しているのを聞いて、エージシュートに関心を持ちました。しかし、まだ若かったので、エージシュートのことは心の片隅にしまったままになっていました。52～53歳の頃、あるラウンドの前半の9ホールで、4バーディ、ノーボギー、32のスコアが出ました。この時、ふと大先輩の言葉を思い出し、「大先輩がエージシュートなら、自分はアンダーパーを目指そう」と思ったのです。しかし、スコアを意識した途端、守りに入って消極的になり、後半40、グロス72のパープレーに終わりました。このとき、いつかはエージシュートを達成したいものだと心の底で燃えるものを感じたのです。

それから20年近く経って、73歳にして73のスコアで回り、初めてのエージシュートを達成しました。そして、その5カ月後には2回目、その4カ月後には3回目というように、定期的にエージシュートが出るようになってきました。その結果、5年間で18回のエージシュートを記録しています。約10ラウンドに1回がエージシュートです。

圧巻は、2005年9月に現在のホームコース、三田GCの秋分の日杯において、77歳で出した71のスコアです。52～53歳の頃に目指していたアンダーパーの目標も併せて達成してしまったのです。年齢を6つも下回る余裕のエージシュートです。これだけの余裕があるのですから、坂井さんのエージシュートの記録はこれから長く続くことでしょう。

なお、この71は坂井さんの生涯ベストスコアです。77歳にして生涯ベストスコアとは寡聞にして聞いたことがありません。

坂井さんのエージシュートの原動力は、練習に励んで磨きに磨いたパットです。運動神経が発達した坂井さんは、アプローチには昔から自信がありました。しかし、なぜかパットは不得意でした。3パットが日常茶飯事だったのです。研修会でも、「お前はパットが下手だな！」とからかわれていました。それでも、「パットなんか練習する必要はない」と豪語していたのです。自分の器用さに自信があったからです。しかし、エージシュートのためにはパットの上達が不可欠だと思い直し、コースに早めに到着してパットをよく練習するようになり、パット名人になったのです。

坂井さんが編み出したパット上達のツボを教えてもらいました。「方向性と距離感の練習を別々にする」ことです。まず、2~3mの短いパットで、カップに入れる練習だけをします。ラインを考えて、そのライン上に転がす方向性の練習だけをするのです。次に、距離感を磨く練習をします。まず、10ヤードの距離のストロークの大きさを体に言い聞かせます。そして、今度は15ヤードの距離でのストロークの大きさを体に言い聞かせて、10ヤードと15ヤードの2つの距離感を自分のものにするのです。実戦では歩測して、2つの距離感のどちらかを適用して微調整します。

人間は2つ以上のことを同時にやろうとすると、どっちつかずになりがちです。方向性と距離感のそれぞれに集中して練習するのは理に叶っています。

根っからの野球少年だった

坂井さんは、一般の人の3分の1の時間と費用しか掛けない「省エネのゴルフ」をしてきたと言います。坂井さんの年間ラウンド数は、現役の頃、月に2回でした。定年退職してからラウンド数は増えましたが、それでも年40回ぐらいにすぎません。打ち放し練習場に行くのは週2回です。一般に、8~9ぐらいのシングルが腕前を維持するためには週2回のラウンド、また、ハンディ5以下の片手シングルであれば週3回のラウンドが必要だと言われます。これからすれば、坂井さんは、他のシングルたちの3分の1のラウンド数で、腕前を維持するどころか改善しているのです。その秘密は、持って生まれた運動神経にあるようです。

坂井さんは父親から譲り受けたDNAで、運動神経が優れているのです。父親は社会人野球で活躍し、オール三菱の社会人チームのキャプテンでした。その父親の薫陶を受け、幼い時から野球場に連れて行かれ、英才教育を受けたのです。4歳ですでに野球のルールを理解していたくらいです。4~12歳で運動神経は急成長します。この頃に覚えたものは一生忘れない財産になるのです。しかし、学徒動員で野球どころではなくなり、戦争が終わって大学に進学してから野球を再開し、リーグ戦で活躍しました。

坂井さんは、就職してすぐに社会人野球チームの一員になりました。守備位置はショート。入部して半年後のある日、プロ野球球団、太陽ロビンスの監督がやって来て、坂井さんをスカウトしようとしたのです。プロ野球選手の層が薄かったとは言え、それぐらい坂井さんは運動神経抜群で守備が上手かったのです。

しかし、野球部の監督と部長はこの申し出を断わりました。すると1年間だけ、それでもダメなら半年でも3カ月でもよいので貸してくれという話になりました。しかし、坂井さんは、結局、この誘いを断ったのです。自分の体が小さいことを自覚していたからです。守備はともかく、打力が不足していることは明らかでした。年間を通じてプロ野球のきついペナントレースについていくことは難しいとわかっていたのです。しかし、プロ野球から誘われたことは自信になりました。練習に打ち込むようになり、さらに上手くなったのです。

31歳の頃、軟式野球に転じて、クラブチームに入りました。ここでも活躍し、大阪代表選手に選ばれて5大都市野球大会に出場しました。57歳で関連会社に転籍すると、そこにも野球部がありました。ユニフォームを作って定年退職するまでの4年間、野球を続けたのです。39歳でゴルフを始めてからも野球のほうが好きだったのです。甲子園球場で行なわれる全国高等学校野球選手権の大阪予選で審判を務めたこともあります。

7年間のインストラクター体験から言えること

坂井さんは、66歳で引退した時、次に何をしようかと考えました。昔、中卒で入社してきた若人を養成工として育てた体験を思い出して、リトルリーグの監督をするか、ゴルフのインストラクターになることを考え付いたのです。

結局、リトルリーグの監督として小学生を指導するのは体力的に難しいと考え、ゴルフの指導者になることにしました。その頃、マナーが悪いゴルファーが問題になっていました。技術だけでなくマナーを教えて、正しいゴルフの普及に貢献したいと考えたのです。

そこで、NGF日本財団が主催するゴルフ指導者養成講習会を1年かけて受講し、資格認定インストラクターになりました。講習内容は実技教科だけでなく、ゴルフの歴史と倫理、社会体育概論、スポーツ行政、スポーツ心理学、メンタルトレーニング、ゴルフ用具論などの教養教科を含みます。自己流でゴルフをしてきた坂井さんが初めてゴルフ理論を教わって、「これまでの自分のやり方は間違っていなかった」と確信しました。

坂井さんは、インストラクターとして7年間にわたって多くのアマチュアを教えた経験に基づいて、上手くなるための秘訣を次のように語ってくれました。

1つは、「スイングの基本」を理解することです。スイングの基本が間違っていれば、いくら練習しても下手を固めるだけです。スイングの基本とは、まず正しいスイング軌道です。そして、正しい体の動かし方です。腰から始動し、そして肩から手元へと、ほんのわずかな時間差を伴って体を動かすのです。

基本がわかってくれば、「こうやれば上手く行く」と納得できます。納得できれば、もっと上手くなりたいと思うようになって練習に励むようになり、好循環が働き始めるのです。上級者とは、難しいことができる人のことではありません。基本をマスターした人のことなのです。基本をどれだけ身につけたかによって腕前が決まるのです。

2つは、「石の上にも3年」というように、少なくとも3年間は同じ人に教わり続けることです。茶道や華道、楽器の演奏でも、基本を身につけるのに3年はかかります。ゴルフも同じです。しかし、途中で投げ出す人が多く、3年間辛抱できる人が少ないのだそうです。

よいレッスンプロから教わっても、基本を身につけるには長い時間がかかります。

何度も何度も反復練習をしないと、基本を身につけることはできません。坂井さんは、教わっている生徒が嫌になるぐらい、口を酸っぱくして同じことを言い続けるのだそうです。

3つは、自分のスイング軌道を常時点検する習慣を身に付けることです。アマチュアのスイング軌道は狂いやすいのです。正しいスイング軌道を身につけたと思っていても、スイング軌道は微妙に変化します。午前中は完璧だと思っても、午後になって調子が悪くなったりするのも、スイング軌道が狂うからです。

坂井さんは、暇さえあれば、テークバックの方向やトップの位置、ダウンスイングでのヘッドの入り方や角度、フォロースルーの方向や角度などを、鏡で見たりビデオに撮ったりして確認しています。エレベーターの中の鏡で点検することもあります。また、鏡で見ながら、素振りでイメージトレーニングをします。素振りをしながら、正しいスイングを体に言い聞かせるのです。坂井さんは、練習量とラウンド数が少ない分を、このスイングの点検とイメージトレーニングで補っていました。

坂井さんの目から見て、スイング軌道が悪いプロが結構いるのだそうです。それでも毎日練習してラウンドしていれば、ある程度の成績は残せます。しかし、4日間を戦い続けて上位に入ることはできないのです。プレッシャーがかかった時などに、とんでもないミスをしてしまうからです。

4つは、テーマを絞って練習することです。教える時も、1回のレッスンで2つのことを指摘すると、あぶはちとらずになるのだそうです。インストラクターの要諦は、生徒にとってその時点で一番大切なテーマを見抜いて、その1点にしぼって教えることなのです。

5つは、練習やラウンドの後で反省することです。相撲の話になりますが、元横綱の北の湖は、入門してから横綱最後の取り組みまでの取り口をすべて覚えているそうです。勝負に集中していたから覚えているのです。

6つは、スイング軸がブレないように体を動かすことです。スイング一軸論と二軸論があります。坂井さんは、インストラクターとして一軸論を教えました。坂井さんによると、二軸論を主張する人の実際のスイングを観察すると、軸と軸の間隔はわずか5cmに過ぎないのです。しかし、二軸論を実行しようとすると、多くの人が、軸と軸の間隔が15cm以上もあると錯覚して、体を動かし過ぎるのです。これではスイング軸がブレてしまいます。一軸と言っても、右足から左足への体重移動は必要です。一軸だと思っておいて頭を動かさないように心がけると、体がブレないのです。

加齢とともに筋力が衰えると、「あそこまで飛んでいたのに」と思って、飛距離を出そうとします。すると力んでスイングするのでスイング軸がブレるのです。年をとればとるだけ、どこにも力が入っていない滑らかなスイングを心がけて、スイング軸のブレに注意を払う必要があるのです。

坂井さんは、30代、40代、50代、60代になった時、それぞれに、はっきりと体力の衰えを自覚しました。年を取るとスイング軸が動きやすいのです。体を支える筋力が落ちるからです。その上、「あそこまで飛んでいたのに」と思うと、力んでリズム感が狂うのです。ヘッドが遅れてボールが右へ出たりもします。

体力の衰えは仕方がないことです。坂井さんは、それぞれの年代で、衰えた体力に合わせてスイングを作り直し、リズム感の狂いを防ぐようにしてきました。77歳になった今、再び体力の衰えを感じています。そのため、ジムに通って筋力トレーニングを始めました。

85歳までシングルを維持したい

坂井さんのホームコースでラウンドをご一緒しました。坂井さんのスイングは本当に軽やかです。体のどこにも無駄な力が入っていないのが、一目でわかるのです。それでもドライバーの飛距離は出ています。47インチのドライバーを使うぼくと飛距離があまり変わりません。

軽く打っても飛距離が出るということは、正しいスイング軌道で、芯でボールをとらえているからです。テークバックはゆっくりです。そしてインパクトへ向かってヘッドを加速していきます。そして、完璧に振り切っています。

ぼくが坂井さんのスイングを賞賛すると、「スイングと走り幅跳びはリズムが同じだ」と教えてくれました。走り幅跳びでは、ゆっくりと走り始めて、踏み切りまで加速して行きます。助走がテークバックであり、踏切がインパクトなのです。なんともわかりやすい比喩です。坂井さんは、「ゆっくりと上げている」と言って、ぼくのテークバックを誉めてくれました。

ぼくが120ヤードの第2打で8番アイアンを使ってピン近くに寄せると、「体重

移動がよいから真っ直ぐ行った」と指摘してくれます。体重移動が方向性を決めるのです。

向かい風の170ヤードの8番パー3で、ぼくが7番ウッドでボールをグリーンに乗せました。坂井さんは4番アイアンでナイスオンです。つい2年前までは、3番アイアンを使っていたのだそうです。ぼくは、5年前に5番アイアンを打てなくなり、キャディバッグから抜いたと告白しました。

三田GCのグリーンは高麗芝です。しっかり打たないとボールは走ってくれません。久しぶりに高麗芝でプレーするにもかかわらず、この日、ぼくはパットが好調で、28パットでした。また、一度も短いパットをはずしませんでした。

ラウンドの後で、坂井さんが、「パットでヘッドアップをしなかった」と誉めてくれました。「芯で打っているからカップで蹴られない」と続きます。芯で打てばボールは直進性がよいのです。インストラクターをした経験がある坂井さんは、ぼくのプレー振りをよく観察してくれているのです。

この日付いてくれたベテランキャディのMさんは、坂井さんとは22年来の付き合いです。そのMさんが、「20年前から坂井さんは変わらない」と言います。歳を取っても衰えたところが皆無だと言うのです。ぼくもそれを実感しました。目の輝きといい、軽やかな足取りといい、軸がブレないスイングといい、なんとも若々しく、とても今年80歳になるとは見えません。

健康法について尋ねると特に何もしていないそうです。酒もタバコも嗜まず、よく運動して、前向きに生きることがなによりの健康法なのでしょう。

坂井さんとのラウンドは、得がたいラウンドレッスンになりました。強く振るのはご法度なのです。体の軸がブレない軽やかなスイングで、ボールを芯でとらえるのがスイングの真髄なのです。

坂井さんは、80歳を過ぎても70台で回るようにしたいと思っています。坂井さんの将来の目標は、85歳までシングルの腕前を維持することなのです。そして、90歳で70台のスコアを出すことが夢です。

坂井さんは、ゴルフ馬鹿にならないようにと考えて、7年前から、カルチャーセンターで仏教文化と万葉集を受講し、古文書を読む会に通っています。さらにパソコンと囲碁を始めました。80歳を目前にして新しいことに挑戦する坂井さんの若い心に感銘を受け、サムエル・ウルマンの言葉を思い出しました。

「若さとは人生のある時期ではなく、心のありかたのことだ」「人は歳月を重ねたから老いるのではない。理想を失う時に老いるのだ」

達人シングルが語る
ゴルフ上達の奥義

17 番ホール

佐々木眞さん

宝塚GC（兵庫県）所属、98歳、ハンディ31、エージシュート（33回）

ささき・まこと
1910年（明治43年）広島県生まれ、身長165cm、体重46kg、元サントリー株式会社勤務、ベストハンディ8、ベストスコア74

日々、スイングを工夫すれば 80歳になっても上手くなれる

米国でシングルになる

サントリー株式会社に勤務する友人から、「自分の会社の大先輩でエージシュートを何度も達成した凄い人がいる」と聞いたのは２００４年12月のことです。さっそく紹介を受けてお会いすることになりました。

佐々木さんは、痩身で背筋がスッと伸びています。子供の頃から活動的で、テニス、スキー、スケート、登山、バスケットボール、ホッケーなど様々なスポーツをやってきました。また、剣道と弓道を長く続けていました。何をお尋ねしても、即座に返事が返ってきます。時折手帳をめくるだけで、時間や出来事の記憶も正確で、すらすらと古い昔の話が続きます。94歳の高齢者という感じが皆無です。

佐々木さんは、既に70年間にわたってゴルフに親しんでいます。所属する神戸ＧＣ、鳴尾ＧＣ、宝塚ＧＣ、茨木ＣＣ、愛宕原ＧＣ、そして小金井ＣＣにも、90歳を越えた高齢の会員はいます。しかし、プレーをしている現役ゴルファーの中では、間違いなく最長老です。今でも毎週プレーしています。鳴尾ＧＣでは、乗用カートがないので18ホールを歩いてラウンドしています。

佐々木さんは、1933年（昭和8年）に住友銀行に入行。3年後、25歳で結婚した直後に、岳父からヒッコリーのクラブをもらってゴルフを始めました。ロンドン勤務時代にゴルフを覚えた岳父から、イギリス仕込みのゴルフを伝授されたのです。岳父に駒沢GC（現在の東京GC）や赤羽にあった東京帝国大学のコースに連れて行かれ、技術だけでなくイギリス流のマナーの教えも受けました。多摩川の河川敷にも安くプレーできるコースがあり、サラリーマンでもゴルフを愉しめたのです。ゴルフに行くのが気恥ずかしいので、クラブを風呂敷で包んで運んでいました。3日間の休みを取って、川奈、箱根、那須を連続してラウンドして回ったこともあります。

そのうち戦争が始まって、佐々木さんも召集され、8年にわたって台湾、香港、ベトナム、タイ、ビルマなど戦地を転々としました。終戦となり、捕虜の経験もして1946年に帰国し、住友銀行に復職。戦後の混乱期で、とてもゴルフをするような状態ではありません。それでも4～5年経ってからゴルフを再開しました。田園調布に打ち放し練習場があり、ラウンドは赤羽のコースへ行っていました。

1953年から米国勤務となり、足掛け11年も駐在します。最初にニューヨーク支店に勤務して4年半を過ごし、その後、加州住友銀行の頭取となり、1960年から

6年半、カリフォルニアに駐在しました。カリフォルニアでは、ピーコックギャップGCに入会し、米国人に混じってプレーしながら腕を磨きました。当時、仕事の付き合いゴルフも多く、毎週、土曜と日曜にラウンドし、よく練習もしたそうです。自宅近くには市営コースがたくさんあり、練習ラウンドの場所には事欠きませんでした。一人で行って米国人に混じってプレーしたのです。ゴルフが上手い日本人の商社駐在員3人と仲良くなり、よく一緒にプレーして教え合い、切磋琢磨したそうです。

その頃、ベン・ホーガン著の『モダンゴルフ』やボビー・ジョーンズ著の『ダウンザフェアウェイ』をはじめとする、ありとあらゆるゴルフ書を原書で読んだのです(50冊以上の原書を鳴尾GCに寄贈)。まだ日本では翻訳されていなかった数々のゴルフ書です。本の中で「これだ!」と思うものを見つけては、それを練習で試して、コースでも試すということを繰り返しているうちに、自然に上達しました。一度もレッスンを受けたことはなく独学なのです。精進の甲斐あって、2~3年でシングルになり、ハンディは8まで行きました。今から40年前、52~53歳の頃です。

80歳でまた上手くなった

57歳で帰国して、義弟である佐治敬三さん（当時社長・故人）から請われてサントリー株式会社に移籍します。それからはラウンドの回数も少なくなり、次第に腕が落ち、ハンディは13を越えるようになり、やがて20台まで落ちたのです。

それから20年も経ち、80歳になって転機が訪れました。ゴルフを始めて55年目の正月に宝塚GCに出掛け、16番ホールで初めてホールインワンをしました。その2週間後、あるコースで第2打を打とうとすると、後ろの組が打ち込んできました。運悪くボールが左腕を直撃して骨折。「もし肘関節に当っていたらゴルフはできなくなっていた」と医者に言われたのです。3カ月間、ゴルフができませんでした。

この骨折が佐々木さんの飛躍になったのですから人生は面白いものです。骨折の後遺症があるので、無理のないスイングを身につけようと、スイング改造に着手しました。岡本綾子プロのレッスンビデオを参考にして懸命に練習した結果、「年寄りの打ち方がわかった」そうです。80歳にして開眼したのです。

「テークバックで右足に乗り、静かにダウンスイングして、左足の上で回転する」のだそうです。「体全体で打つ感じ、遠心力で打つ感じ」です。こうすれば、体に負担をかけずに楽に打てるのだそうです。方向が正確になり、しかも、距離が出るようになりました。

こうしてまた腕を上げたのに、ハンディが多いままなので、いろんな競技会やコンペで何度も優勝するようになりました。この年、70回ほどラウンドして16回も優勝したのです。どこへ行っても優勝するので困ってしまい、当時のホームコースの鳴尾GCで、ハンディを下げてくれと頼んでも、なかなか下げてくれません。「80歳を過ぎて『ハンディが多すぎる』と文句を言う人は初めてだ」と支配人に言われたのです。頼み続けてやっと23のハンディを18にしてもらえました。

その2年後の1992年、佐々木さんは、愛媛県にある滝の宮CCにおいて40、42、グロス82でラウンドし、82歳にして初めてのエージシュートを達成しました。80歳にして開眼したお陰です。同年再び、兵庫県にある有馬富士CCにおいて79で回り、3打の余裕をもって2回目のエージシュートを達成しました。翌年、宝塚GCにおいて、83歳で82のスコアで回り、1打の余裕をもって3回目のエージシュートを達成。それからは、定期的にエージシュートが出るようになったのです。

自宅に近いので一番よく行く愛宕原GCに、「つつじ会」というご近所同士のゴルフ会があり、佐々木さんは2代目会長です。1週間前の月例会で90のスコアで回り、93歳にして24回目のエージシュートを達成し、ベストグロス賞も取ったそうです。50歳の会員もいるそうですから、「つつじ会」は決して高齢者だけの愛好会ではありません。佐々木眞さんは、「つつじ会」では〝怪物〟と呼ばれています。93歳のベストグロス賞は、怪物の名にふさわしい快挙です。

20年前から、自宅の庭に設営している練習ネットの前で、天気さえよければ毎日のようにボールを打ち、芝生の上でアプローチ練習をしているそうです。

最近、ゴルフの本を読んでいて、「スイングの形が崩れていたのに気がついた」そうです。本に書いてあった教えを1時間ぐらい練習してみたら、上手くいったと言います。また、レティーフ・グーセンの記事を読んで、腕と両肩で作る5角形を崩さないようにしてパットをすると上手くいったのだそうです。

佐々木さんによると、米国にはエージシューターがたくさんいるそうです。また佐々木さんの先輩で100回エージシュートを達成した人がいるそうです。自分も負けないように命ある限りエージシュートを続けたいと少年のように目を輝かせています。

白寿の貴兄は宝なり

２００8年春、97歳になられた佐々木さんに再会するため、ご自宅を訪問しました。昨年12月、20日間入院したとのことですが、すっかり回復され元気な様子です。３年前と変わらず、何をお尋ねしてもすらすらと淀みがありません。表情もにこやかです。

その後のエージシュートの記録について尋ねると、２００7年に愛宕原ＧＣにおいて97で回り、97歳にして33回目のエージシュートを達成したとのことです。前回お会いしてから3年の間に、９回のエージシュートを達成されています。「体も回復したのでエージシュートはまた出るでしょう」と佐々木さん。

手帳を拝見すると、ゴルフの予定が3月は4回も入っています。退院後、担当医にゴルフを続けてもよいかと尋ねると、笑いながら、「いいですよ」と言ってくれたのです。「東京から月に1回訪ねて来る娘から、『週2回以上ゴルフをしてはいけない』と怒られる」と言って肩をすくめています。爽やかな笑顔です。

佐々木さんは、今年数えで99歳になり、白寿を迎えました。「つつじ会」から贈られた白寿を祝う額が飾ってあり、「初ゴルフ白寿の貴兄は宝なり」とあります。宝塚GCでは、9ホールだけを回る「宝楽会」にも出席しています。六甲山上にある神戸GCにも、夏季には仲間が連れて行ってくれるのだそうです。よきゴルフ仲間に恵まれ、幸せなゴルフ人生です。

卓上にゴルフ雑誌が置いてあります。最近雑誌を読んでいて、「これはいいな」という記事があり、さっそく取り入れたのだそうです。するとスイングがすっかり狂ってきて、このところ調子が悪いのです。「宝塚GCの専属プロから『年寄りの理想的なスイングだ』と誉められたのに、せっかくのナチュラルスイングが台無しだ」と嘆いています。「本を読み過ぎるのはよくないね」と佐々木さん。ぼくたちが仲間と交しているゴルフ談義と同じです。心が若いのに驚嘆！

未だに天気さえよければ、庭の片隅にあるネットで30球ぐらいの練習を欠かさないのだそうです。練習の様子を見せてもらいました。6個ぐらいのボールとティを入れた小さな缶と、ドライバーと7番ウッド、7番アイアンを手に庭に出て来て、さっそくティアップしてドライバーで打ち始めました。しっかりと構え、軽やかにシャフトが首筋に当たるまで振り切っています。とても白寿のスイングには見えません。

昨年の後半までは、ドライバーで200ヤード近く飛んでいたそうです。しかもアプローチとパットも上手いのだそうですから、エージシュートを達成できるはずです。ところが入院してからは、ドライバーが130ヤードぐらいしか飛ばなくなりました。それでも、アプローチとパットが上手いのでまだまだ頑張れると屈託がありません。「あなた、歳はいくつ?」と訊かれたので、「64歳です」と答えると、「盛りだね、これからまだ大いに愉しめるね!」とのことです。64歳はまだまだ上り坂なのです。

佐々木さんは、15年ぐらい前に、唐の詩人、李商隠の詩に「天意幽草をあわれみ、人間晩晴を重んず」とあるのを知り、「晩晴」をモットーにするようになりました。美しい夕映えのような晴れ晴れとした気持ちで余生を過ごしたいと心がけてきました。佐々木さんから元気をもらい、晴れ晴れとした気持ちで佐々木邸を後にしました。

達人シングルが語る
ゴルフ上達の奥義

18番ホール

二宮亮さん

名古屋GC（愛知県）所属、ベストハンディ4、クラブ選手権優勝（愛知CC）、
エージシュート（公式競技だけで335回）

にのみや・あきら
1914年広島県生まれ、身長169cm、体重72kg、元株式会社竹中工務店勤務

エージシュート335回は、夢でもゴルフをしていたから

フェアウェイを歩き続けた不屈の48年

二宮亮さんが、初めてエージシュートを達成したのは72歳の時です。公式競技での最初のエージシュートは翌年、73歳の時です。90歳での最後のエージシュートに至るまでの17年間で、ホームコースの名古屋GCの公式競技だけでも、驚くなかれ、335回にわたってエージシュートを達成しています。最盛期の80歳の頃には、ラウンドするたびにエージシュートを達成していました。

二宮さんは、ぼくがかつて勤務していた株式会社竹中工務店で副社長を務めた大先輩です。二宮さんは住まいも勤務先も名古屋なので、仕事の上で接する機会はありませんでした。しかし、先輩から「名古屋に凄い人がいる」とよく聞かされたものです。サラリーマンとして頂点を極め、なおかつゴルフにおいても伝説に残るエージシュートの実績を打ち立てたのです。現役を退いた後、会社が保有していた長野県にあるゴルフコースの改造と改良に心血を注ぎ、コース改良と芝の育成についても一家言あります。

前々から一度お会いしたいと思っていました。しかし、あまりにも遠い存在です。

長い間、胸のうちにしまっていました。ところが2001年8月18日付の日本経済新聞に「〝怪物シニア〟253回達成」と題して、エージシュートを続ける二宮さんが登場しました。

この記事によると、二宮さんは43歳でゴルフを始め、2年足らずでハンディ5まで上達したのです。「夜中に眼が覚めると畳の上にボールをティアップ、窓に毛布を2、3枚ぶら下げドライバーの練習をした」と書かれています。部屋の天井には穴ぼこ、畳もすり切れたそうです。この新聞記事の切抜きを残しておいて、時々眺めていました。

その後、拙著『普通のサラリーマンが2年でシングルになる方法』（日経ビジネス人文庫）を2004年9月に上梓しました。この本のなかで、日本経済新聞の記事を引用して、二宮さんのことを紹介しました。この本を、「一生の思い出にラウンドをご一緒させてほしい」と願う手紙を添えて、二宮さんにお送りしたのです。すぐに返事があり、2004年11月、二宮さんのホームコース、名古屋GC和合コースに招かれました。

名古屋GCは、1929年に開場した歴史のあるクラブです。日本プロ選手権、日本オープン選手権をはじめとする数々のトーナメントが開催され、また、1960年の第1回以来、46年間にわたって伝統のトーナメント、中日クラウンズが開催されていることでも知られています。６４７３ヤード、パー70と短いコースですが、プロが手こずる難コースだと聞いていました。地形を生かした手づくりのコースで、フェアウェイに複雑なアンジュレーションがあります。また、グリーンが小さくて硬くしまっていて、80を越えるバンカーが配され、さらにフェアウェイを囲む老松の枝が張り出しているのです。

一週間前から天気が気になっていました。あいにくその日の午前中は雨模様との天気予報だったので、雨の中で二宮さんが風邪を引くようなことがあっては一大事と、心配しながらクラブハウスに到着しました。しかし、まったくの杞憂でした。すでに着替えてロビーで待っておられ、急いで着替えた我々を先導して、かなりの雨が降る中を、先に立って1番ホールへ向かって足早に歩き始めました。とても90歳には見えません。

健康法について尋ねると、特に何もしていないそうで、「しいて言えば、コースをいつも歩いていることかな」との答えです。和合コースには乗用カートはなく、二宮さんはいつも歩いているのです。二宮さんは、最盛期には年間２５０回、今でも年間

120回はラウンドしています。

二宮さんは背筋がスッと伸びていて、歩くときの姿がしっかりしていて実に格好が良いので、「しっかり早足で歩かれますね」と賞賛しました。すると、「へばった様子を見せたくないから頑張って歩いている。大脳から『そんな体でゴルフをしている余裕があるのか』という叱声が聞こえているんだよ」という言葉が返ってきました。85歳までは、坂道を意識することはなかったそうです。

続けて、「実はぼくも歩き方がよいと誉められたことがあります」と、つい余計なことを言ってしまいました。以前、ホームコースの研修会に7人の女子プロを招いた時、一緒の組で回った土井二美プロが、ぼくの歩き振りを見て、「歩く姿が良い」と褒めてくれたのを思い出したからです。すると、「60歳で歩く姿が格好よいのは当り前。喜ぶのは30年早い」と笑われてしまいました。

二宮さんは、プロと2人で、18ホールを1時間50分で回ったことがあるそうです。一番不愉快なのは、段取りが悪いだらだらとしたプレーだそうで、次の一言がありました。

「多くの人が、順番が来てからポケットに手を入れてティペグを探したりして間が悪い。そんな人に限って自分の前の組ばかり気にしているが、本当は後ろの組を気にしないといけない」

二宮さんのプレーは本当に素早いのです。順番が来るとすかさずティペグを差し、間髪をいれず、すっと構えさっと打ちます。素振りはありません。動作に淀みがないのです。きびきびした動きは最後まで、まったく変わることがありませんでした。

「何十年も早足で歩いてきたから、90歳になった今でもこうやって歩ける」

と二宮さんは言います。体によいのは背筋を伸ばして、できるだけ早足で歩くことだそうです。乗用カートに頼って歩くのを一旦止めてしまうと、もう二度と本来の歩くゴルフへ戻ることはできないのかもしれません。

64歳が頂点だった

背筋を伸ばしてスタスタと歩く足取りからは、二宮さんは50代に見えます。上り坂でも歩調は変わらず、上りを苦にしている様子は見えません。健脚ぶりに感嘆！　前半の9ホールを終えると、10番ホールの傍らにある小さな茶店で軽食をとります。20

分も経たないうちに、「さぁ、行こう！」と声がかかり再スタート。18ホールを苦もなく歩いて回りました。

「若い時は腰で打っていたので、ボールが曲がらないからゴルフはやさしかった。今は手打ちだから曲がる。歩くと下半身が疲れて手打ちになる」

との話が出ました。かつては「へそで打て！」が口癖だったそうです。腰で打っている間は、テークバックを意識したこともなかったのです。しかし、手打ちでは、テークバックを少しでも間違えたら致命傷になるのだそうです。

90歳になって、さすがにエージシュートは難しくなりました。往年の絶頂期を思わせる素晴らしいショットが出ますが、時にミスも出ます。しかし、ショットを失敗しても、「いつもはこんなに下手ではないよ」と屈託がありません。

体のどこにも力が入っていない軽やかなスイングです。いつかＮＨＫの大河ドラマ『武蔵』で、藤田まことが演じた柳生新影流の創始者、柳生石舟斎を思い出しました。アプローチも軽やかです。一緒にプレーしたハンディ4の鈴木紘太郎さんが、「二宮さんのアプローチやパットはカップに吸い寄せられるようだった」と話してくれました。鈴木さんは、二宮さんとは長い付き合いです。「外しても、あわや入るかというようなパットだった」と続きます。それを聞いていた二宮さんは、「ゴルフは集中しないとダメ、今は昔のように集中できない」と応じました。

二宮さんは、43歳でゴルフを始め、初めてもらったハンディが28。我流ですぐに13になりました。ハンディ13を3カ月続けただけで、その後のハンディは向上の一途。愛知CCでハンディ9になり、その直後に名古屋GCに入会し、すぐに月例競技会で優勝して8になりました。そして、愛知CCのクラブ選手権で優勝して、ハンディは7になりました。生涯ベストハンディは4です。

60歳の時が一番飛んでいたそうです。その頃は飛距離でプロに引けをとらなかったのです。「64歳の時が頂点だった。64歳を目指して頑張れ」と激励されました。ありがたい励ましです。3年後へ向かって精進を続ける決心をしました。

結果を気にせずにスイングせよ

「イメージのないゴルフはダメ。イメージを大切にするように。失敗するのは自分のイメージがないから」

と二宮さんは言います。単なるナイスショットではダメだそうです。再現性がないからです。「イメージした通りの球が打てたかどうか」が問題なのです。イメージができるようになれば、地形やハザード、OB杭に脅かされても平気になるのです。

この日、ぼくがドライバーとフェアウェイウッドで打ったボールが、右方向へプッシュアウトすることが何度かありました。和合コースはフェアウェイが微妙に曲がっていたり、大きな松の枝が張り出していたりして、構えにくいティグラウンドがあります。地形を気にし過ぎて、無心のショットができていないのです。二宮さんはそれをしっかり覚えていて、「あの球筋をコースで修正できなくてはいけない」と指摘しました。そこで、「スタンスを取って、飛球線を真剣に意識したらかなり改善された」と伝えると、「それでよい」との返事です。

二宮さんは、「〝結果〟を考えるからミスが出る」と言います。「左がOBで怖いから、ドローボールで右へ打って行こうと思うのもダメ」と続きます。「左へ行かしたくない！」という意識に体が過剰に反応して、引っ掛けたりチョロをしたりするミスが起きるのです。〝結果〟を意識した発想だからです。右へ行かしたくないから左へ打つのもダメなのです。

二宮さんの教えをよく考えてみると、実に理に叶っていると理解できました。和合コースだけでなく、なんとなく構えにくいホールがあるのは常です。例えば、フェアウェイは左へ向かっていて、ティグラウンドは右を向いている意地悪なホールがそうです。こんなホールで失敗しがちなのは、景色を過剰に意識するからです。意識を自分へ向けなくてはいけないのです。〝結果〟を考えるのではなく、〝原因〟のほうへ意識を向けるのです。

ぼくのプッシュアウトは、曲がった地形と張り出した松の枝を意識したのが理由です。それに気が付いたぼくは、対策として、スタンスを取ったときにボールとスパットを結ぶ飛球線をはっきりとイメージして、その飛球線に平行に立ち、ボールに対して「インから入ってインに抜ける」ようにスイングしてみたのです。するとプッシュアウトが出ませんでした。このやり方は、まさに〝原因〟のイメージ作りでした。だから二宮さんは「それでよい」と言ったのです。

「イメージを作る」というと、「球筋を思い浮かべる」ことだと思っていました。しかし、そうではなかったのです。球筋は〝結果〟です。〝結果〟をイメージしてはいけないのです。二宮さんが言うイメージとは、「こうやれば上手くいく」という自分の体の動かし方のイメージでした。ある球筋を生み出す〝原因〟のイメージだったのです。

「結果を気にしないからプロは上手く打てる。『こうイメージすれば必ずそこへ運べる』とプロは思っている」と二宮さんは言います。アマチュアは結果ばかり気にしているから失敗するのだそうです。

この時、六甲山上にある神戸GCで、深い霧の中でプレーした時のことを思い出しました。遠くにぼんやり見える木立を目印にしてスイングしていると、よいスコアで回ることができたのです。本来ならゴルファーを威嚇する急斜面や深いラフや木立が目に入らなかったからです。〝結果〟を気にせずにスイングできたのです。

二宮さんによると、プレショット・ルーティン、すなわちスイングの前にするその人なりの決まった所作を意識して行うだけで、ミスショットが直ることがあるそうです。いつものプレショット・ルーティンが甘かったり、一部を省略したりすると、ミスショットになりやすいのです。プレショット・ルーティンをするのも、「こうすれば上手く行く」という〝原因〟のイメージ作りの一環なのだと理解できました。

二宮さんのように修練を積んでいても、90歳になると、スイングをするときのチェックポイントは1つでないと上手く行かなくなったのだそうです。例えば方向性をチェックしたら、後はスイングに集中するのです。かつては4つも5つもチェックできたのだそうです。年をとるとともにイメージ能力が低下するのはやむをえないことです。それぞれの年齢にふさわしいプレーの流儀やスイングに変えていけばよいのです。

疲れる練習をせよ

ぼくが、これからの課題として、ショートゲームの技術をどうやって向上させたらよいかと尋ねると、すかさず答が返ってきました。

「〝アバウト〟な練習ならいくらでもできる」

二宮さんは、5mぐらい離れたところに竹の棒を立てておいて、アプローチでボールを棒に当てる練習をよくやったのです。ボールを棒に「当てよう」とすると疲れるので、長く続けられなかったそうです。

また、所属プロと、30mくらいのところにあるピンへ向かって、アプローチ勝負をよくやったそうです。一打ごとに賭けてもプロに負けることはなかったのです。この練習は本当に疲れたそうです。50球打って疲れるのが本当の練習なのです。こんな根性が入った練習を続けていた二宮さんに付いたあだ名が「チョンパー」です。「チョン」と打って「パー」を取るからだそうです。

疲れる練習と聞いて反省しきりです。問題は量ではなく質だったのです。ぼくは続けて300球ぐらいアプローチ練習をしますが、まったく疲れを感じたことがないのです。10、20、30、40ヤードの目標に向かってアプローチを練習しても、棒に当てようとしたことは一度もありません。まさに〝アバウトな〟練習です。

フェアウェイのどこかに置けばよいと思えば、ドライバーショットでの狙いは広いのです。グリーンに近付くほど狙いが狭くなります。プロはグリーン周りに来ると全エネルギーを使うそうです。目標が絞られてくるから真剣になるのです。プロはいつもカップに沈める気で、パットの時と同じように、ラインを確認してアプローチをしているのだそうです。だからプロはよくチップインするのです。

「二宮さんのパットはいつもカップに吸い込まれるみたいだった」という鈴木さんの言葉を思い出して、「毎日自宅でパターの練習をしているが、一向に向上しない」とぼくが愚痴ると、すぐに「じゅうたんの上で転がしていてもあまり意味がない」との答えが返ってきました。

「目標のないことをいくらやっても意味がないのは仕事も同じだ。得意先をなんとなく営業で回っていても意味がない。仕事を取るために得意先を説得しようとすると真剣勝負になる。ゴルフも同じだ」

現役時代は仕事の鬼であった大先輩からの厳しい一言です。これを聞いて、昔、会社のＴＱＣ（全社的品質管理）活動が盛んだった頃、営業部が得意先の訪問回数を記録に残して管理することを始めたのを思い出したのです。なんとなく営業訪問する回数を増やしても無駄だとすぐにわかり、そんなことをする人はいなくなったのです。

二宮さんとのラウンドの後、ぼくは少しでも時間があれば、練習グリーンへ行って、パットの練習をするようになりました。アンジュレーションを読んで、このラインでこの強さで打って「カップに沈めよう」という気持ちが働かないと真剣なパット練習にならないと実感しています。

感動の一日

二宮さんとラウンドする日の朝、大阪から来たぼくたちを、ご子息の洋さんが、最寄りの地下鉄駅まで迎えに来てくれました。隣地に住んでいる二宮さんが助手席に座っているとばかり思っていたところ、洋さんは一人です。驚いたことに、二宮さんは自分の車を運転して先に行ったとのことでした。「息子と隣同士で住んでいるのに!」と絶句しました。

二宮さんは仕事もそうですが、趣味もいろいろとあり、囲碁、釣り、楽器演奏、そのどれもが半端ではなかったのです。マンドリンは2時間弾いても平気だったそうです。今では20分弾くと腱鞘炎になるといって嘆いています。

ラウンドが終わると、食堂で軽食をとりながら、ゴルフに対する熱い思いを披露してもらえました。50年間に渡って、ゴルフに注ぎ込んだ情熱に圧倒されました。何を話しても、はっきりと筋が通っています。「他人に迷惑をかけるな」「真剣にやれ」が二宮さんのゴルフの基本なのです。ゴルフを越えて人生哲学に聞こえました。

駐車場に停めてあった自分の車にスタスタと歩いて行き、スポーツタイプの車を運転してさっそうと帰って行かれました。なんとも爽やかで格好よいのです。一陣の爽やかな風が通り過ぎていったような感じさえしました。

一番印象に残ったのは次の一言です。

「寝ても醒めてもゴルフのことを考えていた。ベッドの中で2ラウンドはしていた。コースをイメージしながら頭の中でゴルフをしていた。いつもバーディ、時にイーグル」

熱中するのは喜びであり幸せなのです。

２００６年12月、二宮亮さんは92歳で永眠されました。いつものように親しい仲間3人と和合コースを歩いてラウンドし、いつもと変わらない様子で夕食をとって就寝し、そのまま永久の眠りにつかれたのです。仕事でもゴルフでも頂点を極め、やるべきことを成し遂げての大往生です。公式競技での最後のエージシュートは２００５年9月となりました。きっと天国でもエージシュートを続けていらっしゃることでしょう。

二宮さんの語る言葉には、90歳を越えてもゴルフへの情熱が込められていました。

二宮さんから、「好きで好きで夢中になれる」のが若さだと教えてもらいました。名古屋GC和合コースと大熱海国際GCで2度にわたってラウンドをご一緒できた幸せを噛みしめています。二宮さん、ありがとうございました。

達人シングルが語る
ゴルフ上達の奥義

19 番ホール

山口信吾

ベニーCC（大阪府）所属、65歳、ハンディ9

やまぐち・しんご
1943年台北生れ、身長171cm、体重53kg、元株式会社竹中工務店勤務、ベストハンディ8、ベストスコア73

命ある限り
ゴルフをとことん愉しもう！

「これからまだ大いに愉しめるね！」

達人に会ってじっくり話を聞いたり、練習ぶりを見学したり、稽古をつけてもらったり、時にはラウンドレッスンをしてもらったりして、大いに刺激を受けました。なにしろ生き証人が語り、しかも目の前で妙技を実演してくれるのです。達人に会うたびに影響を受け、教わったことを自分なりに実践しているうちに、ぼくのゴルフは進化を始めたのです。どんな進化が始まったのか、その主だったところをご紹介しましょう

まずは、自分のゴルフ人生を長い目で考えるようになりました。達人たちに会うまで、自分のゴルフの頂点は65歳だろうと思っていました。65歳を過ぎると、「心・技・体」のうち「体」が急速に衰え、「心」と「技」を磨くだけでは補えなくなるだろうと思っていたのです。しかし、65歳はまだまだ上り坂の中間点でしかないと知ったのです。70歳を越えても達人たちは実に若々しいのです。スウィングも歩く姿も軽やかです。高倉勇さんは、70歳を前にして、まだまだ上達できると意欲満々です。坂井泰さんは77歳で生涯ベストスコアを更新しました。佐々木眞さんのように、80歳からで

も上達できるのです。

佐々木眞さんから、「盛りだね。これからまだ大いに愉しめるね！」とやさしい言葉をかけてもらい、ぼくへの「はなむけの言葉」だと感じたのです。そして、命ある限り精進し、とことんゴルフを愉しみたいと思ったのです。

葛原寛さんが言うように、はっきりとした目標を持つことが大事だと悟り、ぼく自身、エージシュート達成を目標にしようと決心しました。エージシュートは片手シングルの特権だと思っていました。しかし、佐々木眞さんのように、片手シングルでなくても、80歳を過ぎてからエージシュートを達成することも可能なのです。エージシュートを目標にして長寿のゴルフに挑戦することにしたのです。

長寿のゴルフを愉しむためには、健康であるだけでは十分ではありません。歳をとっても飛距離を落とさないようにしておく必要があるのです。60歳を越えると飛ばなくなってゴルフへの興味を失う人も多いのです。ゴルフの大きな愉しみは、なんと言っても白球を遠くへ飛ばすことです。若い時は腕力で飛ばすことが可能です。しかし、それでは加齢と共に飛距離はずるずると落ちてしまいます。

70歳を越えても、達人たちの飛距離はそれほど落ちていません。高齢の達人たちは軽やかなスウィングで飛ばすのです。佐々木眞さんに至っては、90歳まで200ヤードを飛ばしていました。ボールを芯でとらえているからです。ボールを芯でとらえるためには、下半身主導の軸がぶれない正しいスウィングを、なんとしても身につけておく必要があります。

また、長寿のゴルフのためには、先達やライバルの存在が欠かせません。楽しいだけの〝わいわいゴルフ〟だけではなく、上級者に積極的に挑戦する機会が必要です。白井剛さんの言うように、ゴルフの愉しみは切磋琢磨にあり、その結果として上達できるのです。赤木一雄さんは仕事で知り合った達人たちにシングルにしてもらったのです。

歩くことの大切さ

達人たちは、誰もが乗用カートに乗らないでフェアウェイを歩いています。なかでも二宮亮さんは、命の続く限り歩き続けたのです。格別の健康法を実行しているわけでもないのに、二宮さんが92歳まですこぶるお元気だったのは、和合コースのフェアウェイを歩き続けたからです。緩やかな丘陵地にある和合コースは、歩くことを前提にコースが設計され、グリーンとティグラウンドが近接していて歩きやすいのです。歩くことは体の〝手入れ〟です。歩けば歩くだけ体を手入れすることができるのです。さらには、表面が不均一で傾斜があるフェアウェイを歩くことによって平衡感覚を鍛えることもできるのです。

二宮さんの健康法がフェアウェイを歩くことだと知って、歩くことの重要性を改めて悟ったぼくは、乗用カートの利用をきっぱりと止めました。そして、かつてのように18ホールを歩き通すようになりました。それどころか、万歩計を付けて毎日1万歩を歩くのを日課にするようになったのです。1日1万歩を歩くと、下半身が確実にしっかりしてきたことを感じています。1万歩を歩くと、1日の終わりに気持ちの良い疲労感が残ります。「散歩は血行を良くし脳の機能低下を防ぐ」と東京都老人総合研究所は発表しています。1日歩き続けた後は、このことを実感できるのです。

ゴルフは無酸素運動と有酸素運動が組み合わされているスポーツです。1日5時間ぐらいのラウンドの間に、スイングしている無酸素運動の時間はわずか7～8分、ほとんどは歩いている有酸素運動の時間なのです。しかも吸っているのは山の新鮮な空気です。きれいな酸素は缶に詰めて売られているくらいです。新鮮な空気を吸いながら有酸素運動をする折角の機会を、乗用カートに乗って無駄にするのは、実にもったいないことです。

スイングの真髄を知る

スイングの真髄は、「ボールを打つことではなく、クラブを振ることだ」と心底から悟りました。なにしろ、藤山俊行さん、デービッド・フォレストさん、近藤貞敏さんが、口を揃えて「ボールを前にしても、素振りのようにスイングしろ」と言うのです。確かに、達人たちは、ボールを打つ時のスイングと素振りが寸分も違いません。

ぼくは、素振りの練習は、「やらないよりはやったほうがよいだろう」ぐらいに軽く考えていました。しかし、それは大いなる間違いでした。達人たちのお蔭で、素振りの練習の重要性を悟ったのです。素振りには、打撃練習に匹敵する練習効果があるのです。

こうして、たとえ少しの時間でも素振りをするようになりました。上村隆哉さんがやっているように、自分の理想のスイングをイメージして素振りをします。素振りといえども、きちんとスタンスをとって、タイミングを意識して、腰を使ってしっかりと振り切って、フィニッシュの姿勢を保って5つ数えます。

素振りのようにボールを打つ究極の練習は、近藤貞敏さんが教えてくれた「目をつぶってボールを打つ」練習です。目をつぶるとボールが見えないのですから、ボールを意識することなく、まさに素振りができるのです。目をつぶると、最初はウェッジでもボールにまともに当たりませんでした。今ではドライバーでも目をつぶって打てるようになってきたのです。

目をつぶってボールを打つ練習の効能が一番わかるのはパットです。自宅のパット練習で目をつぶってストロークする練習が、実に効果的なのです。カップを気にしないで真っ直ぐ引いて真っ直ぐ出すよい練習です。引っ掛けたり押し出したりする人には最適の練習法なのです。

もう1つのスイングの真髄は、「ヘッドを加速すること」です。上村守之さんの〝コア〟をつくる練習は、言うなれば、ヘッドを加速する練習なのです。SWを使って、浅いテークバックで60ヤードを飛ばす練習をすることで、下半身をしっかり使った無駄のないスイングを身につけることができます。近藤貞敏さんと上村守之さんが指導してくれた、テークバックよりもフォロースルーを大切にして、しっかりフィニッシュをとるスイングも、結局はヘッドを加速するためなのです。フォロースルーを大きくとるという赤木さんの飛ばしの極意も、ヘッドを加速することに他ならないのです。

実戦練習を始めた

達人たちの工夫を見習って、実戦的な練習をするようになりました。達人たちはそれぞれに理にかなった練習をしています。決して無駄球は打っていないのです。高田等さんから「熟す」と言われて、今までのぼくの練習が不十分であったと反省しきりです。これまで、自分なりに開眼したり、何かコツを教わったり、上手い人のスイングを真似したりして、「よしこれだ！　やっとわかった」と思っても、熟していなかったのです。熟すより先に、新しい課題に取り組んでいました。未消化のまま次から次へと新しい課題に取り組んで来たのではないかと反省しきりです。こんな日替わりメニューの練習を続けていては、「一生もの」の技は身につきません。

かつて我が家で取り入れようとした玄米食のことを思い出しました。圧力鍋で炊いてかなり食べやすくなっていますが、それでも白米の数倍の時間をかけて噛まないと呑み込めません。忙しい生活のリズムとの違和感を克服できないまま、玄米を日常食とするのを断念したのです。ゴルフは玄米食と比較できます。十分な時間をかけて練習（咀嚼）しないと身につかない（消化できない）のです。消化不十分ではせっかくの開眼（栄養）が無駄になってしまいます。

足立和久さんからは、間隔を空けずに練習することの大切さを教えられ、小刻みの継続練習に励むようになりました。かつては、1週間に1〜2回、2時間打ち放題の練習場に行って、500球ぐらいをまとめ打ちする練習をしていました。足立さんの言う通り、4〜5日ぶりに練習場に行くと、前回、やっとつかんだショットのコツを、なかなか思い出せないのです。「あーでもない、こーでもない」と試行錯誤して打ち続け、200〜300球を打って、やっと思い出すことが常でした。

近藤貞敏さんからは、実戦的な練習を教えられ、1球ごとに異なる目標に向かってリセットする練習をするようになりました。また、練習場では、あえて端部の打席を選んで斜めのショットを練習するようになりました。これは、藤山俊行さんからも教えられた〝対角線〟を打つ練習法です。

さらに、上村守之さんから教わったウェッジと9番アイアンでスイングの基本をつくる練習法を実行して、少しずつアイアンの精度が上ってきていることを実感しています。フェースの表面に500円玉の打球痕ができるようになってきました。いつかは上村守之さんのように1円玉の打球痕を描けるようになる日を夢見ています。また、竹内英雄さんから教えられた、打ち放し練習場での模擬ラウンドにも取り組んでいます。ホームコースの苦手ホールをイメージして攻略するのです。ラウンドの後で失敗したショットを反省する模擬ラウンドは、実に効果的です。

上村隆哉さんと坂井泰さんのお蔭で、最近パットの上達が目覚しいのです。「真っ直ぐのラインさえしっかり練習しておけばよい」という上村隆哉さんの意見に勇気づけられ、また、坂井泰さんからは「方向性と距離感の練習を別々にする」と教えられ、ぼくはますます自宅に置いてあるマットでの練習に励むようになりました。その結果、18ホールで20台のパットが出るようになったのです。短いパットをはずさなくなり、上村隆哉さんのように短いパットが好きになってきました。そして、グリーンに上ると、「ここは自分の戦場だ」と思えるようになってきたのです。上村隆哉さんの言う通り、「真っ直ぐ打てさえすれば多くのパットは入る」のです。ラウンドするごとにこの言葉の正しさを実感しています。

最後に、村上雄二さんから教わった「空振りしてもニコッとする」ことの効能を特筆したいと思います。3パットしても、短いパットをはずしても、OBをしてもニコッとすると後を引かないのです。

最近になって、練習とラウンドの間に好循環が生まれてきました。いままでになかったことです。練習の成果をラウンドではっきりと実感できるのです。すると練習にもさらに熱が入ります。

ぼくのゴルフの進化は、まだ始まったばかりであり、まだハンディの改善には結びついていません。しかし、はっきりした手ごたえを感じています。なにしろ、今年3月、ホームコースの月例杯において、39、37、グロス76、ネット67の好成績で優勝したのです。実に14年ぶりの優勝でした。

18人の達人たちに導かれ、これからもう一段突き抜けることができる、新しい地平を拓くことができるという予感がしています。素晴らしい達人たちに巡り合った幸運に感謝しながらここに筆を置くことにします。

本書に収録した作品のテキストには左記のものを使用し、表記は新漢字・現代仮名遣いとしました。なお、今日の人権意識に照らして不適切と思われる表現が含まれていますが、時代的背景と作品の価値を考慮し、そのままとしました。

となりの宇宙人――「小説新潮」二〇〇六年一一月号
冷たい仕事――『現代作家掌編小説集』下（朝日ソノラマ）
むかしばなし――『現代作家掌編小説集』下（朝日ソノラマ）
隠し芸の男――『現代作家掌編小説集』上（朝日ソノラマ）
少女架刑――『星への旅』（筑摩書房）
あしたの夕刊――『吉行淳之介全集』3（新潮社）
穴―考える人たち――「小説新潮」二〇〇六年一一月号
網――『的の男』（創元推理文庫）
少年探偵――『現代の小説 1994』（徳間書店）
誤訳――「小説新潮」二〇〇六年一一月号
考える人――『井上靖全集』18（新潮社）
鬼――『花食い姥』（講談社）

＊本書は、「小説新潮」（二〇〇六年一一月号）の「創刊７５０号記念名作選」を基に、新たに編んだ文庫オリジナルである。

ちくま文庫

名短篇《めいたんぺん》、ここにあり

二〇〇八年一月十日　第一刷発行
二〇〇八年五月三十日　第七刷発行

編　者　北村薫（きたむら・かおる）
　　　　宮部みゆき（みやべ・みゆき）
発行者　菊池明郎
発行所　株式会社　筑摩書房
　　　　東京都台東区蔵前二―五―三　〒一一一―八七五五
　　　　振替〇〇一六〇―八―四一二三
装幀者　安野光雅
印刷所　星野精版印刷株式会社
製本所　株式会社積信堂

乱丁・落丁本の場合は、左記宛に御送付下さい。
送料小社負担でお取り替えいたします。
ご注文・お問い合わせも左記へお願いします。
筑摩書房サービスセンター
埼玉県さいたま市北区櫛引町二―六〇四　〒三三一―八五〇七
電話番号　〇四八―六五一―〇〇五三

ISBN978-4-480-42404-4 C0193

おわりに

かつては、クラブチャンピオンのような達人と一緒にラウンドする機会があっても、「凄いな！」と感心するだけでした。達人たちの切れのよい自信に溢れたスイングを、目に焼き付けるのがせいぜいでした。自分のプレーに精一杯で、教えを請う余裕がなかったのです。初歩的なことを尋ねてもよいのかという遠慮も働きました。

しかし、2003年にシングルの壁を破った頃、一見近づきがたく見える達人でも、教えを請えば親切だとわかってきたのです。一緒にラウンドしていても、達人たちは決して自分からは教えようとしません。しかし、お願いすれば、快く助言をしてくれるのです。「技は盗むものだ」などと言って断る人はいません。「今のミスショットでは、こうなっていたよ」とか、「こうしてみたら」と教えてくれます。達人たちは、口には出さなくても同伴者のスイングをよく観察しているのです。教わったことの要点を、スコアカードの片隅に書き留めるようになりました。

時には、ラウンドの後で、達人たちとゴルフ談義をする機会があります。驚いたことに、達人たちは、自分が実践している〝企業秘密〟の上達法を余さず話してくれるのです。まるで技を伝承するのはアマチュアの義務だと考えているかのようです。こんな時には、メモ用紙を探して達人たちの言葉を書き留めました。あとでゆっくり読み直して、ぼく自身の上達の参考にするためです。

そのうちに、B4判の小型ノートを持ち歩いて、達人たちの言葉を書き留めるようになったのです。〝達人ノート〟の誕生です。達人ノートが2冊になった頃、達人たちの教えを自分だけのものにしておくのはもったいない、もっと広く世の中に伝えたいと思うようになりました。こうして、達人たちのゴルフの奥義を後世に伝える語り部になろうと決めたのです。

語り部になると決めてからこの本の出版に至るまで、4年近い歳月がかかってしまいました。クラブチャンピオンやエージシューターといった真の達人の数は、なんといっても限られているのです。出会いを作ってくれた友人たちに感謝します。

また、日本経済新聞出版社の白石賢さんと、編集の労をとってくださった株式会社オフィスダイナマイトの本條強さんにお礼申し上げます。さらに、楽しいイラストを描いてくださったサイトウトモミさん、そしてレイアウトを担当していただいたヤマダジムショの山田康裕さんにお礼申し上げます。

最後に、この本に登場していただいた18人の達人の皆様に心よりお礼申し上げます。貴重な教えは後世に長く語り継がれていくことでしょう。

本書は日経ビジネス人文庫のために
書き下ろされたものです。
ただし、6番ホールと18番ホールは
『書斎のゴルフ』（ダイアプレス刊）の連載を
新たに編集したものです。

日経ビジネス人文庫

達人《たつじん》シングルが語《かた》る
ゴルフ上達《じょうたつ》の奥義《おうぎ》

2008年7月1日 第1刷発行
2009年10月16日 第3刷発行

著者
山口信吾
やまぐち・しんご

発行者
羽土 力
発行所
日本経済新聞出版社
東京都千代田区大手町1-9-5 〒100-8066
電話(03)3270-0251 http://www.nikkeibook.com/
ブックデザイン
鈴木成一デザイン室
印刷・製本
凸版印刷

Printed in Japan ISBN978-4-532-19455-0